KB053009

내 인권 친구 인권

국가인권위원회의 핵사이다 결정

국가인권위원회의 핵사이다 결정
내 인권 친구 인권

1판 1쇄 2022년 6월 20일
　　2쇄 2023년 6월 15일

지 은 이 김경희, 서미라
일러스트 김수민

발 행 인 주정관
발 행 처 북스토리㈜
주　　소 서울특별시 마포구 양화로 7길 6-16
　　　　　 서교제일빌딩 201호
대표전화 02-332-5281
팩시밀리 02-332-5283
출판등록 1999년 8월 18일(제22-1610호.)
홈페이지 www.ebookstory.co.kr
이 메 일 bookstory@naver.com

ISBN 979-11-5564-267-2 43300

※잘못된 책은 바꾸어드립니다.

국가인권위원회의 핵사이다 결정

내 인권
친구 인권

김경희, 서미라 지음

북스토리

세상을 바꾸는
작은 저항

누군가 나에게 합리적이지 않은 것을 강요하고 있습니다. 강요하는 주체는 주변에 있는 사람일 수도 있고, 다수로 구성된 집단이거나, 법과 제도라는 거창한 이름일 수도 있습니다. 약자이고 소수에 속하는 나는 어떻게 이 상황을 바꿀 수 있을까요?

학교를 다니는 데 발생하는 각종 불합리한 규제와 차별적인 상황을 생각해보세요. 어떤 친구는 묵묵히 그 상황을 받아들이며 생활하고, 어떤 친구는 티가 나지 않게 그 상황을 피해나가기도 합니다. 일부 친구들은 정식으로 선생님이나 학교에 문제 제기를 하기도 하지요.

용기를 낸 학생들의 문제 제기에 대해 선생님들이나 학교는 어떻게 반응할까요? 잘못된 것이 있다면 수긍하고 개선하는 것이 가장 바람직하겠죠. 그러나 이렇게 스스로 개선하는 모습은 실생활에서 자주 접하기 힘듭니다.

흔히 청소년은 어린이와 어른의 중간 단계쯤에 있는 성숙하지 못한 사람으로 취급되지요. 그에 비해 선생님들은 성숙하고 지적인 어른이라고 평가받고요. 학교의 각종 규율은 미성숙한 청소년들이 단체생활을 하는 데 질서를 유지하려면 필요하다는 이유로, 청소년 개인의 자유나 인권을 광범위하게 제한해도 괜찮다는 인식이 아직도 남아 있습니다.

이렇게 관행의 틀을 깨기 힘든 환경에서도 용기를 내 세상을 움직이는 작은 저항이 있습니다. 인권을 침해하거나 차별행위를 하는 선생님과 학교 제도에 반기를 드는 것이지요. 그들은 인권 업무 전담기관인 '국가인권위원회'에 '진정'을 제기하는 방법을 활용했습니다.

학교에서 생긴 문제를 외부로 알린다는 점에서 부담스러운 마음도 컸겠지만 그 결과는 매우 좋았습니다. 과도한 두발제한, 야간 자율학습 강제, 폭언과 비하발언, 일기 쓰기 강요, 종교수업 강요, 출석번호 차별, 휴대전화 전면 사용제한 등 수없이 많은 불합리한 교육방식과 과도한 규제가 바뀌거나 바뀔 수 있는 계기가 마련되었으니까요.

　주변에 있는 친구가 인권침해나 차별을 당하는 것을 본 적이 있나요? 혹시 나도 모르게 가해자의 시선으로 그 친구를 바라보거나 내 일이 아니라고 침묵한 적은 없었나요? 평소 인권침해나 차별에 대해 한 번도 생각해본 적이 없다면, 자칫 나도 모르는 사이에 인권침해나 차별의 가해자가 되어 있을 수 있습니다. 내가 저 친구 입장이었다면 어떤 기분일까? 입장을 바꿔 생각해보는 것만으로도 그 친구에게는 큰 위로와 힘이 됩니다.
　나와 내 친구, 우리의 인권을 보호하고 지키기 위해 반드시 엄청난 용기가 필요한 것은 아닙니다. 작은 문제의식과 움직임만으로도 충분히 억울하고 합리적이지 않은 상황을 바꿀 수 있습니다.

　이 책은 우리 사회의 여러 차별 또는 인권침해에 대해 청소년들의 입장에서 바라보기 위해 썼습니다. 사례 위주로 작성하여 흥미를 잃지 않도록 구성했으며, 자칫 어렵다고 생각하기 쉬운 '인권'의 의미, 발전과정, 인권침해와 차별이 무엇인지, 헌법의 기본권과는 어떤 관련이 있는지 등을 청소년 친구들도 이해하기 쉽도록 설명했습니다.

부족하지만, 이 책을 통해 인권과 평등에 대한 독자들의 감수성이 한층 높아지길 바라며, 아울러 침해된 인권을 회복하는 효과적인 방법을 새롭게 알거나 활용하는 계기가 되기를 희망합니다.

김경희, 서미라

CONTENTS

제1장

:

인권이란
무엇인가요?

인권이란?

"인권(人權)이란 무엇일까요?"

인권이라는 말을 어렵게 생각하는 사람도 있지만 실제로는 어렵지 않습니다. 글자 그대로 '인간의 권리'를 말합니다. 인간이기만 하면 누구나 국적, 인종, 성별, 종교, 장애, 나이에 상관없이 당연히 누릴 수 있는 권리이죠.

이러한 권리가 국가로부터 부여받은 권리가 아니라 하늘로부터 부여받은 권리라는 점을 강조하기 위해 천부인권(天賦人權)이라고도 불립니다.

그렇다면 구체적으로 어떤 것들이 인권의 영역에 포함될 수 있을까요? 무조건 마음 내키는 대로 말하고 행동하면서 인간의 권리(인권)라고 주장한다면 어떻게 될까요?

우리나라에서 인권에 대해 가장 직접적이고 전문적으로 다루
는 국가기관은 국가인권위원회입니다. 국가인권위원회는 모든
개인이 가지는 침해할 수 없는 기본적 인권을 보호하고 그 수준
을 향상시키기 위해 2001년 11월에 설립되었습니다.

「국가인권위원회법」 제2조 제1호는 인권에 대해 "인권이란 대
한민국헌법 및 법률에서 보장하거나 대한민국이 가입 · 비준한
국제인권조약 및 국제관습법에서 인정하는 인간으로서의 존엄

과 가치 및 자유와 권리를 말한다"라고 정의하고 있습니다.

이러한 인권의 개념을 바탕으로 좀 더 구체적으로 인권을 이해하기 위해 인권이 발전해온 역사와 구체적으로 문제되는 유형을 살펴보기로 해요.

인권, 어떻게
발전해왔을까요?

'인권'이라는 개념과 이를 중시하는 사상은 근대시민혁명을 토대로 생성되고 발전했습니다. 봉건체제에서 절대적으로 중시되었던 왕권이나 종교의 억압에 저항하고 개인의 존엄과 가치, 자유와 평등을 외치는 목소리가 영국, 프랑스, 미국 등에 확산되었지요.

2차 세계대전 후 1945년에 설립된 유엔은 '유엔헌장'을 통해 모든 사람의 인권을 존중하고 장려하는 것이 유엔의 주요 활동 목적임을 천명했습니다. 나아가 1948년 12월 10일 채택된 '세계인권선언'을 통해 유엔과 각국 및 모든 개인이 유념하고 존중하여야 할 인간의 권리에 대해, 전문과 30개의 조문으로 망라하여 선포했습니다.

이러한 세계인권선언을 골격으로 추후 '경제적·사회적·문화적 권리에 관한 국제규약' '시민적·정치적 권리에 관한 국제규약'을 비롯하여 수많은 인권 조약들이 탄생했어요.

초기 인권사상은 주로 신체의 자유, 종교의 자유, 언론·출판 및 집회·결사의 자유 등 자유권을 염두에 두고 시작되었으나 추후 참정권 및 인간다운 삶을 보장받을 수 있는 사회권, 환경권 등도 폭넓게 인권의 영역에 포함되었습니다.

변화하고
발전하는 인권

앞에서 말한 것처럼 인권은 꾸준히 변화하고 발전하는 속성을 갖고 있습니다. 인권은 어느 시대, 어느 사회에서나 사람으로서 누리고 행사할 수 있는 권리를 말하기 때문에 시대와 사회가 변하여 새로운 문제가 제기될 때에는 인권의 내용이 추가되고 변화할 수밖에 없는 것이지요.

과거에는 권리로 인정받지 못하던 생각이나 주장, 취향, 개성 등도 타인의 인권을 침해하지 않는 범위 내에서 폭넓게 인권 영역으로 받아들여지고 있습니다.

이렇게 인권 개념이 변화하고 발전하는 것은 개인의 행복을 한층 더 높여주고 사회와 국가를 건강하게 발전시킨다는 측면에서 매우 바람직하다고 볼 수 있겠습니다.

따라서 새로운 분야에서 인권 문제가 대두되거나 기존의 법질
서로는 충분히 보호할 수 없는 인권 영역이 발견된다면 우리는
보다 더 적극적이고 틀에 얽매이지 않은 시각으로 문제를 바라
보고 해결하려는 자세를 가져야 합니다.

이러한 점에서 '인권'은 대한민국 헌법에서 보장하는 '기본권'
과 흡사하면서도 조금 더 폭넓고 변화할 가능성이 큰 개념이라
고 할 수 있습니다.

인권과
헌법 기본권의 관계

　'인권'은 사람으로 태어나면 누구나 당연히 누리는 권리를 말하는 반면, 헌법의 '기본권'은 헌법에서 명문으로 규정하고 있는 기본 권리를 말합니다.

　헌법이 규정하고 있는 주요 기본권은 행복추구권, 평등권, 신체의 자유, 거주·이전의 자유, 직업선택의 자유, 사생활의 자유, 양심의 자유, 종교의 자유, 언론·출판·집회·결사의 자유, 학문과 예술의 자유, 재산권, 선거권, 공무담임권, 재판을 받을 권리, 인간다운 생활을 할 권리, 교육을 받을 권리, 근로의 권리, 근로자의 단결권·단체교섭권·단체행동권, 환경권 등등이 있습니다.

인간의 권리, 즉 인권을 모두 다 헌법에 기본권으로 열거하기는 어렵습니다. 그렇기에 헌법 제37조 제1항은 "국민의 자유와 권리는 헌법에 열거되지 아니한 이유로 경시되지 아니한다"라는 조항을 둠으로써 인권을 최대한 보장하려는 의지를 표명했던 것이지요.

헌법과 법률의 명문규정이 없어도 인정된다는 점, 법 개정 없이도 새로운 종류의 권리가 인권으로 인정될 수 있다는 점 등을 감안할 때 인권은 헌법상 기본권을 모두 포함하고 있는 폭넓은 개념입니다.

실제로 「국가인권위원회법」 제2조 제1호는 "인권이란 「대한민국헌법」 및 법률에서 보장하거나 대한민국이 가입·비준한 국제인권조약 및 국제관습법에서 인정하는 인간으로서의 존엄과 가치 및 자유와 권리를 말한다"라고 규정함으로써 헌법상 기본권은 물론이고, 국제인권조약, 국제관습법에서 인정하는 인간으로서의 존엄과 가치 및 자유와 권리도 '인권'으로 정의하고 있습니다.

'인권침해'와
'차별'은 무엇일까요?

인권은 헌법상 기본권을 모두 포함하고 있는 개념입니다. 인권이 무엇을 말하는지 얼른 머릿속에 떠오르지 않는다면 헌법상 기본권의 종류를 먼저 떠올리면서 그 영역을 확장해나가는 것도 이해하는 좋은 방법 중 하나입니다. 이러한 인권을 침해하는 것이 인권침해입니다. 인권이 다양한 만큼 인권을 침해하는 양태도 다양합니다.

그렇다면, '차별'은 무엇일까요? 인권 중에서 '평등권'을 침해하는 것이 차별입니다. 평등권을 침해하는 행위가 차별행위겠지요. 「국가인권위원회법」 제2조 제3호는 "평등권 침해의 차별행위"를 다음과 같이 정의하고 있습니다.

'평등권 침해의 차별행위'란 합리적인 이유 없이 성별, 종교, 장애, 나이, 사회적 신분, 출신 지역(출생지, 등록 기준지, 성년이 되기 전의 주된 거주지 등을 말한다), 출신 국가, 출신 민족, 용모 등 신체 조건, 기혼 · 미혼 · 별거 · 이혼 · 사별 · 재혼 · 사실혼 등 혼인 여부, 임신 또는 출산, 가족 형태 또는 가족 상황, 인종, 피부색, 사상 또는 정치적 의견, 형의 효력이 실효된 전과(前科), 성적(性的) 지향, 학력, 병력(病歷) 등을 이유로 한 다음 각 목의 어느 하나에 해당하는 행위를 말한다. 다만, 현존하는 차별을 없애기 위하여 특정한 사람(특정한 사람들의 집단을 포함한다. 이하 이 조에서 같다)을 잠정적으로 우대하는 행위와 이를 내용으로 하는 법령의 제정 · 개정 및 정책의 수립 · 집행은 평등권 침해의 차별행위(이하 "차별행위"라 한다)로 보지 아니한다.

가. 고용(모집, 채용, 교육, 배치, 승진, 임금 및 임금 외의 금품 지급, 자금의 융자, 정년, 퇴직, 해고 등을 포함한다)과 관련하여 특정한 사람을 우대 · 배제 · 구별하거나 불리하게 대우하는 행위

나. 재화 · 용역 · 교통수단 · 상업시설 · 토지 · 주거시설의 공급이나 이용과 관련하여 특정한 사람을 우

대 · 배제 · 구별하거나 불리하게 대우하는 행위

다. 교육시설이나 직업훈련기관에서의 교육 · 훈련이나 그 이용과 관련하여 특정한 사람을 우대 · 배제 · 구별하거나 불리하게 대우하는 행위

라. 성희롱[업무, 고용, 그 밖의 관계에서 공공기관(국가기관, 지방자치단체, 「초 · 중등교육법」 제2조, 「고등교육법」 제2조와 그 밖의 다른 법률에 따라 설치된 각급 학교, 「공직자윤리법」 제3조의2 제1항에 따른 공직유관단체를 말한다)의 종사자, 사용자 또는 근로자가 그 직위를 이용하여 또는 업무 등과 관련하여 성적 언동 등으로 성적 굴욕감 또는 혐오감을 느끼게 하거나 성적 언동 또는 그 밖의 요구 등에 따르지 아니한다는 이유로 고용상의 불이익을 주는 것을 말한다] 행위

결국, '차별'은 '인권침해'의 모습 중 하나에 해당합니다. 그럼에도 「국가인권위원회법」에서 '평등권 침해의 차별행위'를 '인권침해'와 구분해서 사용하는 이유는 무엇일까요? 아마도 우리사회에서 빈번하게 발생하는 불합리한 차별행위를 강력히 규제하

고, 특히 법인, 단체 또는 사인(私人)이 행하는 차별행위가 다른 종류의 인권침해와 달리, 국가인권위원회의 조사대상이라는 점을 명백히 하기 위함인 듯합니다. 「국가인권위원회법」 제30조(위원회의 조사대상) 제1항 제2호는 법인, 단체 또는 사인으로부터 차별행위를 당한 경우 국가인권위원회에 진정할 수 있다고 규정하고 있습니다.

앞으로도 여러분이 편하게 읽을 수 있도록 '인권침해'와 '차별'이라는 용어를 병행해서 사용하고자 합니다.

국가인권위원회는
어떤 곳인가요?

국가인권위원회(이하 위원회)는 모든 개인이 가지는 인권을 보호하고 그 수준을 향상시키기 위해 설립되었습니다. 인권보호와 향상에 관한 모든 사항을 다루며 입법부, 사법부, 행정부 어디에도 속하지 않은 독립국가기관이고 국제인권규범을 국내에 실행하는 역할을 담당하고 있어요.

또한 위원회는 준사법기구로서 인권침해와 차별행위에 대한 조사와 구제 업무도 담당합니다. 준사법기구이기에 법원과 업무 체계가 유사해요. 인권침해와 차별행위를 당했다고 주장하는 사람(진정인)이 위원회에 진정을 제기하면 진정인과 상대방(피진정인[1])의 주장 및 사실관계를 조사하여 인권침해와 차별행위에 해당할 경우 이를 시정하라는 권고(어떤 일에 관하여 상대방이 어떤 조치를 취할 것을 권유하는 것. 법률상으로 상대방이 권고를 따르도록 강제하는 구속력은 없음)를 하게 됩니다.

비록 법적인 구속력은 없을지라도 위원회의 권고를 받은 정부 부처의 수용률(권고를 받아들인 비율)은 약 90%에 달합니다. 따라서 나의 인권 또는 친구나 지인의 인권이 침해당하거나 차별을 받는 일이 생겼을 경우, 전화나 방문, 메일 등의 간단한 방법으로 국가인권위원회에 진정을 제기하여 구제를 받는 방법도 적극적으로 활용할 필요가 있어요.

구체적으로 어떤 상황이 인권침해나 차별에 해당하는지, 위원회에 진정을 제기하면 위원회는 어떤 판단기준으로, 어떤 권고를 하는지 다음 장에서 실제 사건을 바탕으로 자세히 알아보도록 해요.

이 책에 소개하는 사례는 피해내용(이해하기 쉽도록 각색했습니다), 위원회의 판단과 되새겨 보기로 구성했습니다.

---

1) 진정인으로부터 인권침해 또는 차별행위를 했다고 진정을 당한 자. 국가기관, 지방자치단체, 각급 학교, 공직유관단체, 구금·보호시설, 법인, 단체, 개인 모두 피진정인이 될 수 있습니다.

진정접수 방법 및
사건해결 절차

진정접수 방법

전화	국번 없이 1331(월~금 09:00~18:00)
우편/방문	(우편번호 : 04551) 서울 중구 삼일대로 340 나라키움 저동빌딩 10층 인권상담조정센터
팩스	진정서를 다운받아 작성 후 팩스 전송 02-2125-9811~2
인권e 홈페이지	https://case.humanrights.go.kr
이메일	hoso@humanrights.go.kr

진정사건 해결절차

1. 인권상담	방문 및 전화상담 가능
2. 진정접수	전화, 우편, 방문, 팩스, 홈페이지, 이메일 등으로 가능
3. 사건조사	담당 조사관 배정 후 조사 진행
4. 위원회 의결	권고, 기각, 각하, 합의권고, 이송 등의 결정
5. 당사자 통보	진정인, 피진정인에게 사건처리 결과 통보

제2장

:

학창시절의 차별과 인권침해, 바꿀 수 있다!

교복에
붙은 내 이름

저희 학교 교복에는 상의에 헝겊 재질 명찰
이 부착되어 있습니다. 그러다 보니 등·하
굣길이나 버스에서 저희 이름은 모르는 사
람들에게 노출되어 있습니다. 이렇게 타인
들에게 저의 소속과 이름이 무방비로 노출
되어 있으니 찜찜하고 불안합니다. 이는 저
희들의 인권을 침해하는 것이 아닐까요?

학교 측 주장

교복에 고정된 명찰을 부착하도록 하는 이유는 첫째, 학생들
이 가끔 교복을 분실하는 사고가 발생하는데 명찰이 교복에 부
착되어 있으면 이를 방지할 수 있기 때문입니다. 둘째, 탈·부착
이 가능한 플라스틱 재질 명찰은 쉽게 깨질 우려가 있습니다. 셋

째, 학교 밖에서도 학생의 본분에 맞는 행동을 하도록 유도하기 위해서입니다.

위원회의 판단

헌법 제17조는 "모든 국민은 사생활의 비밀과 자유를 침해받지 아니한다"라고 하여 사생활의 비밀과 자유를 향유할 권리를 보장하고 있습니다.

학교 안에서 교복에 명찰을 착용하도록 하는 것 또한 학생 당사자의 의사에 반할 소지가 있으나 이는 단체생활을 해야 하는 학교 내에서의 학생 생활지도 및 교육에 필요한 경우로서 합리적 이유가 있다고 할 수 있습니다.

그러나 학교 밖에서까지 고정 명찰을 착용하게 하여 불특정 다수의 일반인에게까지 이름이 공개되도록 하는 것은 사생활의 비밀과 자유를 지나치게 제한하는 것일 뿐만 아니라 각종 범죄에 노출될 위험이 있는 등 그 부작용이 매우 큽니다. 따라서 이는 인권침해에 해당되므로 교복에 고정 명찰을 부착하도록 하는 관행은 시정되어야 합니다.

1. 교육과학기술부장관 및 전국 각 시·도교육감에게, 전국 초·중·고등학교 학생들의 교복에 명찰을 고정하여 부착하게 하는 관행이 시정되고 이와 관련된 학교규칙 및 학교생활 규정이 개선되도록 각 급 학교를 지도·감독할 것을 권고합니다.

2. 피진정인들(해당 학교 교장)에게, 학생들의 교복에 명찰을 고정하여 부착하게 하는 관행을 시정하고 이에 부합하도록 학교규칙 및 학교생활 규정을 신설 또는 개정할 것을 권고합니다.

되새겨 보기

우리가 만약 이와 같은 상황이라면 어떤 기분일까요? 나와 아무런 상관없는 낯선 사람들에게 쉽게 나의 이름이 노출되고, 심지어 나는 그들의 이름을 전혀 알 수 없는 정보의 불공평함까지 더해진다면…….

---

2) 법원 판결문의 '주문'처럼 위원회 결정문의 핵심내용입니다. 주로 피진정인에게 권고하는 내용이며, 경우에 따라 피진정인이 소속된 기관·단체 또는 감독기관의 장에게도 필요한 내용을 권고합니다.

　불쾌하고 꺼림칙할 것 같지 않나요? 범죄의 표적이 될 수도 있다는 생각에 두려움도 느껴질 것이고요. 그럼 어떻게 하면 좋을까요?

　학교나 선생님에게 문제 제기를 하자니, 예민한 학생으로 낙인찍힐까 봐 두렵고, 막상 용기를 내어 문제를 삼더라도 이미 정착된 제도가 시정될 가능성도 희박할 것입니다.

　아무도 문제 제기를 하지 않으니 나도 그냥 졸업할 때까지 꾹 참고 지내야 할까요? 아니면 책이나 가방 등 다른 물건으로 명찰을 가리고 다니며 나름대로 개인적인 해결책을 찾아야 할까요?

한 용기 있는 친구가 위원회에 진정을 제기했습니다. 위원회는 위에서 본 것과 같은 판단과정을 거쳐 해당학교의 학교장은 물론이고 나아가 교육과학기술부장관 및 전국 각 시·도교육감에게 이와 같은 인권침해를 시정하라고 권고했습니다.

비교 사건

위원회는 이 사건과 달리, 교내에서 목걸이 형식의 명찰을 착용하도록 하는 것도 인권침해라고 주장하는 진정사건에서는 "학교라는 공간의 특성과, 학생지도의 용이성 등을 고려할 때 교내에서 명찰을 착용하도록 지도하는 행위는 인권침해에 해당하지 않는다"고 판단했습니다.

머리카락 내 맘대로 하면
안 되나요?

저는 고등학교에 다니고 있습니다. 헤어스타일 때문에 학교에 가기가 싫어졌습니다. 저희 학교는 교칙으로 스포츠형 헤어스타일만 할 수 있게 되어 있습니다. 학생의 본분은 공부라면서요. '투블럭컷'이나 '상고형' 헤어스타일을 하고 싶어도 안 된다고 합니다. 헤어스타일과 공부가 연관이 있는 것도 아닌데 저희 학교의 헤어스타일 제한 너무 심하지 않나요?

학교 측 주장

저희 학교는 학생, 학부모, 교직원 등 교육공동체 의견을 수렴하고 반영하여 「학생생활규정」을 제정하여 운용하고 있습니다. 이 학생생활규정의 두발 조항은 학생들의 머리 모양을 '스포츠형 머리'로 하도록 규정하고 있습니다.

국어사전에 따르면 스포츠형 머리는 "남자 머리 모양의 하나로서 뒷머리와 옆머리는 치올려 깎고 정수리 머리는 평면에 가깝게 깎는다"라고 되어 있습니다. 따라서 '투블럭컷' 형태와 '상고형' 머리는 두발규정에 어긋나기에 규제하는 것입니다.

현재의 두발규정을 포함한 「생활규정」은 적법하고 민주적인 과정과 절차를 통해 제정된 것이며, 구성원 의견을 무시한 강압적 규정이 아닙니다.

위원회의 판단

「헌법」제10조는 "모든 국민은 인간으로서의 존엄과 가치를 가지며, 행복을 추구할 권리를 가진다"라고 규정하고 있고, 「교육기본법」제12조는 학교교육 과정에서 학생을 포함한 학습자의 기본적 인권이 존중되고 보호되어야 한다고 규정하고 있습니다. 아울러, 유엔 「아동의 권리에 관한 협약」제16조는 사생활에 대하여 자의적이거나 위법적인 간섭을 받지 않을 아동의 권리를 인정하고 있습니다.

피진정인은 「학생생활규정」이 학교 공동체의 주체인 학생과 학부모 그리고 교사들의 의견을 수렴하여 적법하게 만들어진 것이기에 정당하다는 취지의 주장을 하고 있으나, 이는 형식적인 측면에서의 절차적인 정당성을 확보했다는 것이지 내용적인 측면에서의 실질적 정당성은 여전히 위에서 살펴본 바와 같이 헌법 제37조 제2항에 따른 기본권 제한 기준 및 보장 원칙에 반하여 부적합합니다.

주문

피진정 학교는 학생들 개성의 자유로운 발현권 및 자기결정권

이 과도하게 제한되지 않는 범위 내에서 「학생생활규정」의 두 발규정을 개정할 것을 권고합니다.

되새겨 보기

이 사건에서 학교 측 주장을 다시 한 번 살펴봅시다. 학교는 두발규정을 포함하고 있는 「학생생활규정」이 학교공동체의 주체 인 학생, 학부모 및 교사들의 의견을 수렴하여 적법하게 만들어 진 것이기에 스포츠형 머리만을 고수하고 '투블럭컷'이나 '상고형' 머리 모양을 하지 못하도록 규제하는 것은 정당하다고 주장 하고 있습니다.

얼핏 생각하면 일리 있는 주장처럼 보입니다. 민주주의 사회 에서 학생, 학부모, 교사들이 머리를 맞대고 다수결로 정해놓은 학생생활규정이니 따라야 한다는 취지입니다. 학교 측의 주장대 로라면, 다시 일정한 절차를 거쳐 학생생활규정을 개정해야만 진정인들의 주장이 받아들여질 수 있습니다.

그러나 해당 집단이 매우 보수적이어서 변화를 싫어하는 집단 이거나, 규정을 개정하는 절차가 번거롭고 까다롭다면 한번 정해진 규칙은 여간해서는 바꾸기 힘듭니다.

머리 모양을 제한하는 학생생활규정은 합리적일까요? 만약 '학생들의 앞머리가 눈을 가리면 칠판의 글씨를 보기 어려우므로 앞 머리카락이 눈을 가리지 못하도록 제한'하는 내용이라면 합리적일 수 있습니다.

그러나 학교는 이와 같이 두발제한 내용이 합리적이라는 주장은 전혀 하지 않고, 형식적인 측면에서 학생과 학부모 그리고 교사들의 의견을 수렴하여 적법하게 만들어진 학생생활규정이기에 정당하다는 주장만 할 뿐입니다.

이렇게 답답하고 불합리한 경우를 해결하기 위해 국가인권위원회라는 조직이 절실히 필요합니다. 기존의 법원이나 헌법재판소를 통해 침해된 인권을 구제받을 수는 있으나, 절차가 까다롭고, 감내해야 하는 시간이나 비용이 적지 않습니다. 또한 법원이나 헌법재판소 조직 특성상 아무래도 기존의 법질서를 유지하고자 하는 성향이 강하다고 볼 수밖에 없어 원하는 결과를 얻을 가능성도 크지 않습니다.

위원회는 아직 성인이 되지 않은 학생들의 인권도, 나아가 일부 사람들에게는 중요하게 생각되지 않을 수 있는 머리카락 길이나 형태와 관련된 개성의 자유로운 발현권도 소홀히 하지 않고, 피진정인에게 「학생생활규정」의 두발규정을 개정하라고 권고했습니다. 이는 모든 개인의 기본적 인권을 보호하고 그 수준을 향상시키고자 하는 「국가인권위원회법」 제1조 위원회 설립목적 조항을 충실히 따르는 결정이라 할 수 있습니다.

살색 크레파스 안에
숨겨진 차별

학교에서 미술시간에 사용하는 크레파스와 수채물감
의 색명 중에 '살색'이라는 것이 있습니다. 그런데 곰
곰이 생각해보면 뭔가 이상합니다. 살의 색이라는 것
은 사람에 따라서 제각각 다릅니다. 아프리카계 사람
이라면 좀 더 짙은 색을 유럽계 사람이라면 좀 더 옅
은 색을 자신의 살색으로 고를 것입니다. 그런데 일
률적으로 정해진 한 가지 색만을 살색이라고 이름 짓
는 것은 다른 색은 살색이 아니라는 인식을 조장하는
것이니 차별이 아닐까요?

기술표준원 주장

'살색'이라는 색명은 한국산업규격(KS)의 도입 초기인 1967년
도에 일본공업규격상의 색명을 그대로 받아들인 것일 뿐, 누군
가를 차별할 의도는 없었습니다.

피진정인이 정한 한국산업규격(KS)상 '살색'은 특정 색깔의 피부를 가진 인종에 대해서만 피부색과 부합되는 색명이 됩니다. 국제화 · 세계화로 국가 및 인종 간 교류가 활발한 현 상황에서 특정한 인종의 피부 색깔만을 '살색'으로 규정하는 것은 인종과 피부색에 대한 차별적 인식을 확대하는 것으로 시대적 흐름에 반(反)하는 것일 뿐만 아니라, 이는 결과적으로 기타 인종의 사람들에 대해서는 합리적인 이유 없이 헌법 제11조에 보장된 평등

권을 침해할 소지가 있는 것으로 판단됩니다.

주문

피진정인 기술표준원장이 한국산업규격(KS)상 크레파스와 수
채물감의 색명을 지정함에 있어서 특정 색을 '살색'이라고 명명
한 것은 헌법 제11조의 평등권을 침해할 소지가 있으므로 색명
을 개정할 것을 권고합니다.

되새겨 보기

단일 민족으로 구성되어 살아오던 우리나라도 이제는 다양
한 국적과 인종이 함께 살아가는 다문화 국가로 바뀌었습니다.
2020년 11월에 발표한 통계청 통계자료에 따르면, 2019년 한 해
동안 외국인과 혼인한 건수는 24,721건으로, 전체 혼인건수의
10.3%에 달하고, 같은 해 다문화 가정 출생아는 17,939명으로,
전체 출생아 수의 5.9%를 차지하고 있습니다.

이제 우리나라에서도 더 이상 과거 '살색'으로 이름 붙여졌던
색깔이 피부색을 빠짐없이 통칭할 수 없게 되었습니다. 소수에

해당되더라도 검정색이나 흰색, 진한 갈색, 붉은색도 살색(피부색)이니까요. 다양한 피부색이 존재하는데도 한 가지 색만을 '살색'이라고 이름 지은 것의 문제점은 무엇일까요? 단순히 객관적인 사실과 다르다는 것만이 문제일까요?

이 사건에 대해 조사한 결과, 피진정인은 아무런 문제의식 없이 일본의 공업규격을 번역해 색깔 이름을 정했을 뿐 누군가를 차별할 의도나 목적은 없었습니다.

실제로 위원회에 제기된 진정사건 중 피진정인이 악의적으로 차별 의도를 갖고 차별행위를 하는 경우는 생각보다 많지 않습니다. 그보다는 무사안일주의 방식의 일처리나 타인의 인권에 대한 무지와 무관심에서 비롯된 차별이 더 많습니다.

이 사건은 차별 의도나 악의 없이 지어진 '살색'이라는 색명 안에 '차별'이 숨어 있기 때문에 문제가 됩니다. 우리는 이 차별이 어떤 모습으로 숨어 있는지 깊게 생각해볼 필요가 있습니다. 그래야만 다른 분야, 다른 방식으로 꼭꼭 숨어 있는 차별도 찾아낼 수 있고, 피해자들의 마음을 헤아릴 수 있는 공감능력 또는 인권 감수성이 생기기 때문입니다.

우리나라에 거주하는 검정색이나 흰색, 진한 갈색, 붉은색 피부색을 가진 소수 사람들의 입장이 되어 생각해봅시다. 그 사람들은 '살색'이라는 단어를 보고, 듣고, 접할 때마다 '살색' 피부를 가진 사람들과 분리된 느낌이 들지 않을까요?

"내 살색은 사람들이 '살색'이라고 부르는 색과 다르네."

이와 같이 분리된 느낌이 강화되면 소외감이 됩니다. 국립국어원의 한국어기초사전에 따르면 '소외감'이란 '무리에 끼지 못하고 따돌림을 당해 멀어진 듯한 느낌'이라 정의하고 있습니다.

"나도 많은 사람들과 같은 피부 색깔이었으면 불편하지 않을 텐데……."

확대 재생산된 분리감과 소외감은 결국 자신을 비정상이라 느끼게 만들고 전혀 근거 없는 열등감까지 갖게 합니다.

"난 왜 이런 피부색일까? 나도 정상 피부색이면 좋겠다."

피해자들의 처지가 되어 생각해보면, 다수에게는 아주 사소하게 취급되는 차별적 단어나 언행도 소수에 해당하는 사람들에게는 치명적인 소외감을 줄 수 있다는 것을 알게 됩니다.

그럼에도 불구하고 대다수 국민들의 피부색과 일치한다는 이유로, 변경이 번거롭다는 이유 등으로 기존 관행을 유지한다면, 이는 차별이고 인권침해에 해당합니다. 특히 감수성이 예민한 아동과 청소년들이 주로 사용하는 크레파스와 수채물감에 붙여

지는 색깔 이름이라는 점에서 폐해가 더욱 큽니다.

다행히 피진정기관인 기술표준원은 위원회의 권고를 받아들여 해당 색명을 바꾸었습니다. 처음에는 '살색' 대신 '연주황색'으로 바꾸었으나, 그 후 최종적으로 '살구색'으로 변경했습니다.

휴대전화
강제 수거

저는 고등학교에 다니는 학생입니다. 저희 학교는 등교하면 우선 선생님이 휴대전화를 걷어갑니다. 그러고는 밤 여덟 시 삼십 분에 돌려줍니다. 공부에 집중하라는 의도는 알겠지만 이렇게 심하게 휴대전화 사용을 제한하는 것은 저희 인권을 침해하는 게 아닐까요?

학교 측 주장

저희 학교는 2019년 1학기 말에 교사·학부모·학생의 의견을 수렴하여 「학생생활규정」을 개정했는데, 휴대전화 사용과 관련된 규정에는 특별한 문제가 없었기에 현 규정대로 담임교사가 학급 휴대전화를 관리하고 있습니다.

위원회의 판단

학교 내에서 학생의 휴대전화 소지 및 사용을 제한하는 것은 본인 및 다른 학생의 학습과 교사의 수업에 지장을 초래하는 것을 예방하기 위한 것으로, 어느 정도 합리성이 인정됩니다.

그러나 휴대전화 사용제한의 필요성이 인정된다고 할지라도, 학생들의 자유로운 의사에 의하여 희망자에 한하여 수거하거나, 수업시간 중에만 사용을 제한하고 휴식시간 및 점심시간에는 사용을 허용하는 등 학생의 기본권 침해를 최소화하면서도 교육적 목적을 달성할 수 있는 다른 방법도 고려할 수 있습니다.

그럼에도 학생의 휴대전화 소지와 사용을 전면적으로 제한하는 것은 헌법 제37조 제2항[3])에 따른 과잉금지원칙을 위배하여 같은 법 제10조에서 유래하는 일반적 행동의 자유 및 같은 법 제18조의 통신의 자유를 침해한 행위에 해당합니다.

주문

학교 일과시간 동안 학생의 휴대전화 소지 · 사용을 전면 제한

---

3) 헌법 제37조 제2항 : "국민의 모든 자유와 권리는 국가안전보장 · 질서유지 또는 공공복리를 위하여 필요한 경우에 한하여 법률로써 제한할 수 있으며, 제한하는 경우에도 자유와 권리의 본질적인 내용을 침해할 수 없다."

하는 행위를 중단하고, 학생의 일반적 행동자유권 및 통신의 자유가 과도하게 제한되지 않는 범위 내에서 「학생생활규정」을 개정하기를 권고합니다.

되새겨 보기

이 사건은 2020년 9월 결정되어 그 내용이 언론에 보도되었습니다. 이 사건 이전, 다른 학교에서도 비슷한 진정이 종종 제기되었고, 그때마다 위원회는 같은 취지의 결정을 내리고 있습니다. 이와 같은 위원회 결정이 실리는 뉴스에는 항상 다양한 반대 의견이 댓글로 달립니다. 휴대전화 벨소리나 메시지 알림소리가 수업을 방해할 수 있다는 우려와, 수업시간에 게임하는 학생들 때문에 학업분위기가 저하될 수 있다는 의견이 많습니다.

이쯤에서 우리는 위원회 결정내용을 좀 더 면밀하게 살펴볼 필요가 있습니다. 아무때나, 아무런 제한 없이, 전면적으로 휴대전화 사용을 허용하라는 권고일까요?

그렇지 않습니다. 현재 학교의 휴대전화 관리 방식은 학생의 일반적 행동자유권과 통신의 자유를 과도하게 제한하는 것이므로 이를 개선하라는 주문입니다. 위원회가 개선방법의 예시로 든 것은 "희망자에 한하여 수거하거나, 수업시간 중에만 사용을 제한하고 휴식시간 및 점심시간에는 사용을 허용하는 등"의 방법입니다.

위원회의 권고를 따른다면, 교사들의 지도가 다소 번거로워지긴 하겠지요. 그러나 아무리 '면학 분위기 조성'이라는 좋은 목적으로 학생들의 일반적 행동의 자유, 통신의 자유를 제한하더라도 그 제한은 최소한도에 그쳐야 합니다.

목적을 달성할 수 있는 다른 방법이 있는데도 불구하고, 무조건 일괄적으로 휴대전화를 수거하는 방법을 택한 것은 인권침해에 해당합니다. 이러한 원칙이 바로 헌법 제37조 제2항에서 강조하는 과잉금지원칙인 것입니다. 국민의 자유와 권리를 제한하더라도 과도하게 제한하지 말라는 의미입니다.

학습실 이용도
성적순인가요?

저희 학교는 교내에 자율학습 전용실인 '면학실'을 만들어 운영하고 있습니다. 그런데 공평하게 사용할 수 있어야 할 면학실이 실제로는 성적우수자만 이용할 수 있도록 되어 있습니다. 이는 성적이 좋지 않은 학생들을 차별하고 있는 게 아닐까요?

학교 측 주장

면학실은 공간의 한계 때문에 학년별로 약 30명 정도 이용이 가능합니다. 희망인원이 정원보다 많을 경우, 학년 담임협의회를 통해 입실대상자를 결정하는데, 내신 성적, 모의고사 성적, 학생의 가정학습환경 등 다양한 요소들을 고려하여 정하고 있습니다.

위원회의 판단

「헌법」제11조는 모든 국민의 평등권을 규정하고 있고, 제31조 제1항은 "모든 국민은 능력에 따라 균등하게 교육을 받을 권리를 가진다"라고 규정하고 있습니다. 「국가인권위원회법」제2조는 교육시설의 이용과 관련하여 특정한 사람을 우대, 배제, 구별하거나 불리하게 대우하는 행위를 평등권 침해의 차별행위로 규정하고 있습니다.

면학실 입실기준은 학업성적뿐 아니라 학습의지, 정숙의무 등 면학실 운영규정 준수 의지, 학업개선과 발달 정도, 교우관계, 특히 가정형편 등을 다양하게 고려하여야 합니다. 자율학습 전용실의 입실자격을 성적우수자로 한정한 피진정인의 행위는 합리적인 이유 없이 「헌법」제11조에서 보장하고 있는 평등권을 침해한 차별행위에 해당합니다.

주문

자율학습 전용실을 운영함에 있어 학생들에게 평등한 교육기회와 양질의 교육환경이 제공될 수 있도록 자율학습 전용실 입실기준을 수립하고 그 밖에 다양한 자율학습 전용실 운영 방안을 강구할 것을 권고합니다.

되새겨 보기

　이 사건에 대해, 성적순으로 면학실 입실자격을 주는 것이 왜 문제냐고 이의를 제기하는 사람도 있을 수 있습니다. 한정된 재화나 용역을 분배하기 위해 성적이라는 공정한 경쟁기회를 주었고, 그 순위에 따라 배정을 했다면 공정성을 갖췄다고 단순하게 생각할 수 있기 때문입니다.

　이 사건에 대한 위원회의 결론대로라면 전국적으로 시험을 실시하여 성적순으로 대학에 입학하는 제도조차 차별이라는 것인지 의구심이 들 수도 있습니다. 그러나 두 사안은 근본적인 출발선이 다릅니다. 제도를 운영하는 목적이 다른 것이지요.

대학입시제도는, 교육내용을 제대로 습득할 수 있는 능력, 즉 수학능력이 있는 학생을 뽑겠다는 것이 목적이기에, 성적에 큰 비중을 두어 합격기준을 삼아도 불합리하지 않습니다.

반면 이 사건에서 피진정인이 면학실을 운영하는 목적은, 교내의 유휴공간을 효율적으로 이용함과 동시에, 보다 더 나은 교육환경을 학생들에게 제공하고자 함일 것입니다.

이러한 목적에 따라 입실대상자를 정하는 것이라면, 학업성적이 아니라 학생의 평소 공부환경이나 가정형편 등을 더 많이 고려하여 입실대상자를 선정했어야 했습니다. 공부에 집중할 수 없는 환경에 놓인 학생들에게 쾌적한 장소를 제공하는 것이, 이미 쾌적한 학습환경을 가진 학생에게 제공하는 것보다 효용의 극대화를 가져올 수 있기 때문입니다.

피진정인이 기준으로 삼았던 '시험성적'이 합리적인 기준이었다고 인정받으려면, 피진정인이 면학실을 운영하는 목적은 무엇이 되어야만 할까요? 그것은 아마도 '일류대학 합격생 많이 배출하기' 또는 '성적우수생에게 집중 투자하기' 정도가 되어야 하지 않을까요?

　사설학원도 아닌 공교육기관에서, 만약 정말로 위와 같은 목
적으로 공간을 이용했다면 더욱 더 명백하게 불합리한 차별행위
에 해당합니다.

수상한
출석번호

저희 딸은 초등학교에 다니고 있는데 남학생 출석번호는 1번부터, 여학생 출석번호는 51번부터 순서대로 정하고 있습니다. 이처럼 남학생을 앞으로, 여학생을 뒤로 배치하여 출석번호를 정하는 것은 여학생에 대한 성차별이 아닐까요?

학교 측 주장

저희 학교는 학교교육과정 수립을 위해 교사, 학부모, 4~6학년 학생들을 대상으로 온라인 설문조사를 실시했습니다. 설문 문항 중에는 출석번호를 어떻게 정하는 것이 좋은지에 관한 질문도 있었는데, 가장 많은 응답자들이 현행방식을 선택해 현행과 같이 출석번호를 정하게 되었습니다.

위원회의 판단

「헌법」 제11조 제1항은 "모든 국민은 법 앞에 평등하다. 누구든지 성별 · 종교 또는 사회적 신분에 의하여 정치적 · 경제적 · 사회적 · 문화적 생활의 모든 영역에 있어서 차별을 받지 아니한다"고 규정하고 있습니다. 「국가인권위원회법」 제2조 제3호는 합리적인 이유 없이 성별 등을 이유로 교육과 관련하여 특정한 사람을 우대, 배제, 구별하거나 불리하게 대우하는 것을 평등권 침해의 차별행위로 규정하고 있습니다.

남학생에게 앞 번호를, 여학생에게는 뒤 번호를 부여하는 출석번호 방식은 어린 학생들에게 남성이 여성보다 우선한다는 생각을 갖게 하거나, 남녀 간에 선후가 있다는 차별의식을 사회적으로 확산시킬 수 있는 성차별적 관행입니다. 학교 측은 설문조사를 통해 현재의 출석번호 방식을 정했다고 하나, 성차별적 관행을 다수결로 채택했다고 해서 차별적 행위가 정당화될 수 있는 것은 아닙니다.

피진정인의 행위는 합리적 이유 없이 성별을 이유로 여학생을 불리하게 대우하여 여학생들의 평등권을 침해한 차별행위로 판단됩니다.

주문

피진정인에게, 학생의 출석번호 부여 시 남학생에게는 앞 번호를, 여학생에게는 뒤 번호를 부여하는 출석번호 방식을 개선하여 성별에 따른 차별이 발생하지 않도록 할 것을 권고합니다.

키도 마음도 한창 성장기에 있는 초등학생들은 자신이 겪는 크고 작은 경험을 통해 인격이 형성되어갑니다. 남녀 합반이지만, 출석번호 1번은 항상 남자부터 시작이고, 남자 번호가 끝난 뒤에야 여자 번호가 시작된다면, 학생들은 세상에 대한 어떤 시각을 무의식적으로 받아들이게 될까요?

출석을 부를 때, 성적표 등 무언가를 나눠줄 때, 급식시간 배식 등등 어떤 순서를 정해야 할 때, 번호 순서대로 남학생 먼저 진행할 가능성이 크고, 숫자 상징으로도 앞서다 보니 은연중 남학생에게는 적극적인 자세를, 여학생에게는 소극적인 자세를 갖게 할 수 있습니다.

장기간 이런 상황을 겪다 보면, 학생들은 점차 남자가 여자보다 앞선 존재 또는 우월한 존재라는 잘못된 인식을 갖게 될 가능성이 큽니다. 여학생과 남학생은 아무 근거 없는 열등감과 우월감을 느끼게 되고, 살면서 위 순서에 어긋나는 상황에 처하게 되면 여학생은 당황하고, 남학생은 갖고 있던 것을 뺏겼다는 생각에 수치심이나 분노까지 느끼게 되는 황당한 일이 벌어질 수 있습니다.

각종 성차별과 여성에 대한 폭력이 쉽게 사라지지 않는 이유 중 하나는, 어렸을 때부터 이런 사소하고 미미한 경험들이 쌓여 인격으로 형성되었기 때문입니다.

남성이 여성보다 앞선 존재이고, 우선하는 존재라는 잘못된 인식이 고착화된 남성은, 자기보다 우월한 여성을 보면 뭔가 질서가 흐트러진 느낌을 가질 수 있고, 당연히 누려야 할 무언가를 억울하게 빼앗긴 것 같은 알 수 없는 피해의식이 생길 수 있습니다. 이런 심리상태에서 할 수 있는 행동은 더욱더 차별적이고 폭력적일 수밖에 없기에 악순환이 반복되는 것입니다.

이처럼 어릴 때부터 사소해 보이는 차별적 관행들에 노출되고 방치된다면, 그 폐해는 남성, 여성 모두에게 나타나 결국 모두가 피해자가 될 수밖에 없습니다.

한편, 피진정인은 설문조사를 거쳐 출석번호 부여방식을 정했다고 하나, 이는 앞선 여러 사례들에서 본 바와 같이, 형식적인 측면에서의 절차적인 과정을 거쳤다는 것일 뿐, 내용적인 측면에서의 실질적 정당성이 없는 것이기에 피진정인의 주장은 전혀 설득력이 없는 변명에 불과합니다.

이 사건은 2018년 7월 3일에 결정하여 권고한 건인데, 그 후 많은 학교가 위원회의 결정대로 개선하고 있습니다. 서울에 있는 초등학교의 경우, 2018년에는 약 80%에 해당하는 478개교가 남녀순으로 출석번호를 부여했었는데, 2019년에는 161개교로 줄었습니다. 성별 구별 없이 이름 가나다순이나 생년월일순으로 번호를 매기는 학교가 101개에서 357개교로 증가했으며, 거꾸로 여학생을 앞 번호로 배치하는 학교도 2018년 18개교에서, 2019년 82개교로 늘었습니다.

개선 방식 중에서도, 이름 가나다순 또는 생년월일순으로 성별 구별 없이 번호를 매기는 방식이 더 바람직해 보입니다. 굳이 앞이건 뒤건 성별을 나누어서 번호를 붙일 필요가 있을까요?
성별 역할 구분은 잘못된 고정관념에 불과하고, 만일 성별 구분이 필요한 경우가 있더라도, '여학생'과 '남학생'으로 구분하여 부르면 되는 것입니다. 이례적이고 비상시적인 상황 때문에, 굳이 평상시 항상 따라다니는 출석번호에 성별구분 기준을 넣을 필요는 없어 보입니다.

선생님,
체벌하지 마세요

저는 중학교에 다니고 있습니다. 그런데 어느 선생님께서 숙제를 하지 않았다는 이유로 제 등을 손으로 수차례 때렸고, 수업시간 중에 교실 뒤편에 선 채로 수업을 듣게 했습니다. 이는 인권침해라고 생각합니다.

교사 주장

학생들의 예습과 복습을 위해 숙제를 내주고 있는데, 각 반마다 5~8명 정도는 숙제를 해오지 않아 책임을 진다는 의미와 부모의 마음으로 독려하는 차원에서 학생들의 등을 때린 적이 있습니다. 통상 중요한 숙제를 안 한 경우는 등을 체벌하고 상대적

으로 덜 중요한 숙제를 안 한 경우는 교실 뒤에 가서 서 있으라
고 했습니다.

위원회의 판단

「헌법」제10조는 모든 국민은 인간으로서의 존엄과 가치를 가
지며 행복을 추구할 권리를 가진다고 규정하고 있고, 제12조는
모든 국민은 신체의 자유를 가진다고 규정하고 있습니다. 「아동

체벌은 초중등교육법 시행령 제31조 제8항에 의해
전면적으로 금지되었습니다!

사랑의 매 No!

의 권리에 관한 협약」 제19조1은 국가에게 아동이 신체적, 정신적 폭력 또는 비인간적이거나 굴욕적인 대우를 받지 않도록 보호할 의무를 부과하고 있습니다.

설사 피진정인의 행위가 학생들에 대한 교육지도 방식이었다고 할지라도, 숙제를 하지 않았다는 이유로 진정인을 포함한 학생들의 등을 손으로 때린 행위는, 인격형성기와 사춘기에 접어든 학생의 신체에 고통을 주고 수치심과 모욕감을 느끼게 하기에 충분합니다. 피진정인의 위와 같은 행위는 진정인의 인격권 및 신체의 자유 등을 침해한 것으로 판단됩니다.

주문

○○중학교장에게, 피진정인에 대하여 경고조치하고 재발방지를 위하여 인권교육을 실시할 것을 권고합니다.

되새겨 보기

과거에는 다양한 이유로 학생을 체벌하는 교사들이 많았습니다. 학부모나 학생들도 그런 관행에 대해 크게 이의를 제기할 수 없는 문화였고요. 그러나 이제 학교에서의 체벌은 자칭 '사랑의 매'도 허용되지 않습니다.

2011년 3월 18일 「초·중등교육법 시행령」 제31조 제8항이 신설되면서 체벌이 전면적으로 금지되었습니다. 신설된 조항은 학생징계 방법에 관해 규정하면서 "도구, 신체 등을 이용하여 학생의 신체에 고통을 가하는 방법을 사용해서는 아니 된다"라고 명시하고 있습니다.

이 조항이 만들어지기 전에는, 같은 조 제7항에 "교육상 불가피한 경우를 제외하고는 학생에게 신체적 고통을 가하지 아니하는 훈육·훈계 등의 방법으로 행하여야 한다"라고 규정되어 있었습니다. 해석해보면, "교육상 불가피한 경우"에는 신체적 고통을 가하는 체벌도 가능하다는 것인데, 문제는 "교육상 불가피한 경우"가 어떤 경우인지 해석이 매우 자의적일 수밖에 없다는 것입니다. 이러저러한 이유로 교사들의 체벌이 근절되기 어려운 면이 있었습니다.

이 사건은 2011년에 시행령이 신설된 후, 무려 5년이나 지난 2016년에 발생했습니다. 체벌이 금지된 후 5년이나 흘렀는데도 피진정인은 별다른 문제의식 없이 교육 목적이라는 미명하에 체벌을 해왔던 것입니다. 위원회의 결정문에 언급된 바와 같이, 교사로부터 체벌을 당하는 학생은 신체적인 고통도 고통이지만, 그에 못지않은 수치심과 모욕감을 느낄 수 있습니다.

그렇기에 가끔 교사로부터 체벌을 당한 학생이 극단적인 선택을 했다는 뉴스까지 접하게 되는 것입니다. 세월이 흘러 성인이 된 후에도, 체벌했던 교사를 잊을 수 없고, 용서할 수 없다고 말하는 사람들이 많습니다. 그만큼 체벌로 인한 육체의 상처나 고통은 아물지라도 마음속 상처까지는 치유되기가 힘든 것입니다.

위원회가 진정을 조사한 결과, 인권침해나 차별행위에 해당한다고 판단할 때에는, 통상적으로 행위자인 피진정인에 대해 시정이나 개선을 권고합니다. 그러나 사안에 따라서는 좀 더 효과적인 피해구제를 위해 피진정인이 속해 있는 소속 기관, 단체 또는 감독기관의 장에게도 권고할 수 있습니다.[4]

이 사건에서 위원회는, 피진정인이 근무하는 ○○중학교 교장에게 피진정인에 대하여 경고조치하고, 재발방지를 위한 인권교육을 실시하도록 권고했습니다.

---

[4] 「국가인권위원회법」 제44조(구제조치 등의 권고) ① 위원회가 진정을 조사한 결과 인권침해나 차별행위가 일어났다고 판단할 때에는 피진정인, 그 소속 기관·단체 또는 감독기관(이하 "소속기관 등"이라 한다)의 장에게 다음 각 호의 사항을 권고할 수 있다.
1. 제42조 제4항 각 호에서 정하는 구제조치의 이행   2. 법령·제도·정책·관행의 시정 또는 개선

졸업한 초등학교에 따른
중학교 입학자격 차별

저희 집 인근 지역에 자율중학교가 생겼습
니다. 그런데 이 학교의 신입생 모집요강을
잘 살펴보니 저희 아이는 이 학교에 진학
하고 싶어도 할 수가 없었습니다. 왜냐하면
이 학교 인접학구의 초등학교 졸업예정자는
지원할 수 없도록 제한되어 있었습니다. 이
는 거주지를 이유로 한 부당한 차별이라고
생각합니다.

교육감 주장

피진정인이 ○○자율중학교에 대해 전국단위 학생 모집을 허
용한 배경은 전국 단위에 있는 우수한 학생 모집을 통해 ○○자
율중학교를 육성하고자 한 것이었습니다.

○○자율중학교 학생 모집 시, 인접학구를 제외하는 이유는

인근 중학교에 입학할 학생까지 모집하게 되면, 인근 소규모 중학교의 학생 수가 감소할 우려가 있기 때문입니다.

만약 인접학구의 입학 제한 기준을 폐지하게 되면 인근의 다른 중학교가 폐교될 가능성이 큽니다. 현행 학생모집 단위를 유지함으로써 농촌과 산촌에 있는 작은 중학교를 지킬 필요가 있습니다.

위원회의 판단

피진정인이 인접학구 지역의 초등학교 학생들에 대해서만 자율중학교 입학 지원 기회 자체를 전면적으로 제한하는 것은 「헌법」 제11조와 유엔 「아동의 권리에 관한 협약」 제2조, 「국가인권위원회법」 제2조 등에 반하여, 거주지를 이유로 인접학구 초등학교 졸업예정자의 교육, 훈련이나 그 이용과 관련하여 배제하는 행위로서 인접학구 학생들에 대한 평등권 침해의 차별행위라고 판단됩니다.

주문

피진정인에게, 관내 인접 중학구 소속 초등학교 졸업예정자에

대한 자율중학교 입학 제한 정책을 폐지하고, 자율중학교 신입
생 정원의 일정비율을 정하는 등 다양한 방안을 강구하여, 인접
중학교 소속 초등학교 졸업예정자의 자율중학교 입학 지원이
가능하도록 자율중학교 입학 제도를 개선할 것을 권고합니다.

되새겨 보기

피진정인은 ○○도 전체의 각종 교육정책과 학생관리 업무를 담당하고 있는 도교육청의 교육감입니다. 피진정인은, 피진정인의 행위가 ○○자율중학교와 인접해 있는 중학교의 폐교를 막고, 농촌과 산촌의 작은 학교를 지킬 목적이었기에 정당하다고 주장하고 있었습니다.

목적이 정당하다면 그 과정에서 발생하는 소규모 학생들의 피해쯤은 괜찮은 걸까요? 자율중학교에 입학할 자유를 빼앗긴 인접 중학구 거주자의 피해가 정말 작은 피해에 불과한 것일까요?

공익을 추구할 목적으로 시행한 정책이 합리적인지 여부를 판단하기 위해서는, 정책을 통해 얻어지는 공익에 대비해서 그 공익을 달성하기 위해 침해되는 사익이 어느 정도인지를 비교하여 평가해야 합니다.

즉, 어떤 정책이 목적의 정당성과 수단의 적합성을 갖춘 경우라 할지라도, 피해의 최소성이나 공익과 사익 간의 법익의 균형성이 깨진다면 합리적이라 할 수 없는 것입니다.

이 사건에서 피진정인이 추구하는 공익은 자율중학교 인근에 있는 소규모 중학교의 통폐합 또는 폐교를 방지하는 것입니다. 그렇다면 피진정인의 행위를 통해 위와 같은 목적이 달성될 수 있을까요?

피진정인의 정책의도를 피해가는 방법은 여러 가지가 있을 수 있습니다. 즉, 자율중학교 학구 내의 초등학교로 전학을 가거나, 아니면 자율중학교에 입학 지원이 가능한 관외의 타 시·도로 거주지를 옮기는 방법도 있습니다. 이런 방식으로 피진정인의 정책의도를 비켜갈 방법이 다양하기에 피진정인이 의도한 공익(통폐합 또는 폐교의 방지)은 실현될 가능성이 매우 적습니다.

피진정인의 정책으로 인해 얻어지는 공익은 위와 같이 그 실현 여부가 불분명한 반면, 평생에 한 번 가는 중학교를 본인이 원하는 곳에 입학하지 못하는 학생들의 불이익은 보다 더 구체적이고 회복 가능성도 없어 보입니다. 결국 피진정인의 행위는 평등권 침해의 차별행위에 해당합니다.

제3장

:

어려도
완전한 민주시민!

학교 앞에서
유인물을 배포했어요

저는 ○○중학교 3학년에 재학 중인 학생입니다.
학교의 두발규제가 너무 부당하게 느껴졌습니다.
그래서 혼자 유인물을 만들어서 학교 수업이 끝난
뒤에 친구들에게 배포했습니다. 유인물을 배포하는
데 선생님이 강하게 제지했습니다. 하지만 그대로
그만둘 수가 없어서 다시 한 번 유인물을 배포했습
니다. 그러자 학교 측에서 제게 징계를 내렸습니다.
이는 제 인권을 침해한 것이 아닐까요?

학교 측 주장

A학생의 유인물은 개인적 편견이 들어간 것으로 아직 판단력
이 부족한 본교 학생들에게 영향을 끼칠 수 있으므로, 유인물 배
부를 막아야 하는 것은 학교의 의무입니다. 교사의 지도에 대해
불응한 점과 학생을 선동하여 질서를 문란하게 한 점을 종합적

으로 판단하여 상담 3회와 독후활동 2회의 선도처분을 결정했습니다.

위원회의 판단

A학생이 아직 교육과정 중에 있고 학교의 지도를 받고 있는 지위에 있다 하더라도 의사표현의 자유는 보장되어야 합니다. 특히 학생 본인에게 영향을 미치는 사안일 경우에는 보다 더 폭넓은 의사표현의 자유가 보장되어야 합니다.

A학생이 배포한 유인물에는 두발규제에 대한 의견과 학교 측의 대응이 부당하다는 내용을 담고 있는데, 그 내용이 공공질서를 깨뜨리거나 타인의 인격과 권리를 침해하는 수준이라고 보기 어렵습니다. 또한 정규수업 시간 이후에 학교 밖에서 평화적인 방법으로 두 차례에 걸쳐 유인물을 배포한 것일 뿐이기에, 이 과정에서 정상적인 학사운영이 방해되거나 다른 학생의 수업권이 침해되지도 않았습니다.

피해자가 유인물을 배포한 행위를 선도위원회에 회부하여 선도처분의 사유로 삼은 것은 「헌법」 제21조와 「유엔아동의 권리에 관한 협약」에서 보장하고 있는 표현의 자유를 침해한 것으로 판단됩니다.

주문

○○교육지원청 교육장에게, 피진정인을 포함하여 소속 학교 교사들에 대하여 아동 및 학생 인권에 대한 직무교육을 실시할 것을 권고합니다.

「민법」 제4조(성년)는 "사람은 19세로 성년에 이르게 된다"고 규정하고 있습니다. 아직 만 19세가 되지 않은 사람에게는 '미성년자'라는 호칭이 붙게 되고, 미성년자는 법과 사회의 특별한 보호를 받습니다.

미성년자가 부모나 보호자 같은 법정 대리인의 동의 없이 행한 매매계약 등 법률행위는 취소할 수 있습니다. 미성숙한 존재라는 전제하에, 성급했던 의사표시를 취소할 기회를 주는 것입니다. 법정대리인의 동의가 없이는 민법상 완전한 의사표시를 할 수 없는 것입니다.

개인 사이의 권리와 의무 관계를 규정한 사법(私法)상의 권리가 위와 같다면, 국가와 개인 간의 관계를 다루는 공법(公法)[5]상의 권리는 어떤 모습일까요?

「헌법」 제21조 제1항은 "모든 국민은 언론 · 출판의 자유와 집회 · 결사의 자유를 가진다"라고 규정하고 있습니다. 이 조항에서 도출되는 '표현의 자유'는 자신의 의견이나 주장, 사상 등을

---

5) 헌법, 행정법, 형법 등

외부에 나타낼 수 있는 권리를 말하며, 모든 국민이 이 권리의 온전한 주체가 됩니다. 즉, 민법상 미성년자의 법적 지위처럼 타인의 동의가 필요한 것이 아닙니다.

표현의 자유는 인권사상의 발전 및 민주주의 확립과 분리될 수 없는 핵심적인 기본권 중 하나입니다. 사상의 자유, 종교의 자유, 양심의 자유 등의 정신적인 자유를 외부적으로 표현하는 자유라고 할 수 있으며, 인간으로서의 존엄과 가치를 유지하고 행복을 추구하기 위한 필수불가결한 권리입니다.

「헌법」 제37조 제2항은 "국민의 모든 자유와 권리는 국가안전보장, 질서유지 또는 공공복리를 위하여 필요한 경우에 한하여 법률로써 제한할 수 있으며, 제한하는 경우에도 자유와 권리의 본질적인 내용을 침해할 수 없다"고 규정하고 있습니다. 이를 어기는 것이 바로 과잉금지 원칙 위반입니다.

학생이 비록 아직 성년에 이르지 않은 중학교 3학년생이라 할지라도, 헌법상 표현의 자유의 주체가 됨은 명확합니다. 따라서 자신의 사상이나, 지식, 정보 등을 다수에게 전파할 수 있는 권리가 있습니다.

그럼에도 피진정인은 단지 A학생의 유인물은 개인적 편견이

들어 있고, 다른 학생들에게 영향을 끼칠 수 있다는 자의적인 이유로 A학생의 표현의 자유를, 선도처분이라는 수단을 이용하여 침해한 것입니다.

중학생도
집회의 자유가 있어요

저는 ○○중학교에 다니고 있는데 저와 친구들은 학교의 두발제한 등 인권침해에 불만이 많았습니다. 그래서 점심시간에 저를 포함한 약 150여 명이 모여 학교 안에서 '학생 인권'과 '두발 자유'라는 구호를 외치며 집회를 개최했습니다. 그러자 교장선생님과 몇몇 선생님들이 집회를 강제로 해산시켰고, 집단교육을 시킨 후 학생들에게 진술서 작성을 강요했습니다. 이는 집회의 자유 침해라고 생각합니다.

학교 측 주장

해당 집회는 외부 인권단체의 선동에 의해 학생들이 두발 자유를 외치며 집단적으로 행동한 것으로, 사전에 학교에 신고 되지 않은 불법집회이며, 학교의 질서를 무너뜨리는 행위였기 때문에 강제해산시킬 수밖에 없었습니다. 집회해산은 학생들을 바

른길로 인도하기 위한 학교 측의 정당한 조치였습니다.

위원회의 판단

학교 측에서는 해당 집회가 학교에 신고하지 않은 집회였기
때문에 불법집회로 보고 학내질서유지 차원에서 해산시킬 수밖
에 없었다고 주장하고 있습니다. 그러나 동 집회시간이 점심시
간이었고, 다른 학생 및 교사의 수업을 방해하지 않았으며, 집회
가 평화적으로 전개된 점, 두발 자유 및 학생에 대한 체벌금지
등 학생의 권리와 관련이 있는 내용의 집회였던 점으로 보아 이
집회를 불법집회로 단정하기는 어렵다고 판단됩니다.

따라서 동 집회가 타인의 권리를 침해했다거나, 집회 시 학교
시설물을 훼손했다는 등의 사정이 없으므로 피진정인의 행위는
집회의 자유를 침해한 행위에 해당합니다.

주문

피진정인들에게 학내집회 해산, 집체교육 실시 및 학생에게 진
술서를 쓰도록 징계한 행위에 대하여 향후 이와 같은 행위가

재발하지 않도록 재발방지 대책을 수립할 것을 권고합니다.

되새겨 보기

이 사건은 중학생에게도 헌법상 권리인 집회의 자유가 인정된다는 점을 확인한 위원회의 결정 사례입니다. '집회'란 '특정 또는 불특정 다수인이 공동의 의견을 형성하여 이를 대외적으로 표명할 목적 아래 일시적으로 일정한 장소에 모이는 것'을 말합니다. 「헌법」 제21조 제1항에 규정된 "모든 국민은 언론·출판의 자유와 집회·결사의 자유를 가진다"라는 조항은 여러 가지 중요한 헌법상의 기본권을 도출하고 있는데 '집회의 자유'도 그중 하나입니다.

이 사건에서 피진정인은 학생들의 집회가 사전에 학교에 신고되지 않아서 불법집회라고 주장하고 있습니다. 사전에 신고하지 않은 집회는 무조건 불법일까요? 피진정인이 해당집회는 사전에 신고가 되지 않았기에 불법이라고 주장하는 근거는 무엇일까요? 모든 집회는 반드시 사전에 신고해야만 하는 것일까요? 위원회의 결정문에서는 이 논점에 대해 구체적으로 설명하지 않았지만, 이러한 피진정인의 주장이 옳은 것인지에 대해 자세히 살펴보도록 합시다.

피진정인 주장의 근거가 무엇인지는 결정문에 명확하게 쓰여 있지 않지만, 「집회 및 시위에 관한 법률(이하 '집시법')」에 유사한 법률조항이 있습니다. 동법 제6조 제1항은 "옥외집회나 시위를 주최하려는 자는 그에 관한 다음 각 호의 사항 모두를 적은 신고서를 옥외집회나 시위를 시작하기 720시간 전부터 48시간 전에 관할 경찰서장에게 제출하여야 한다"라고 규정합니다. 옥내집회와 달리 옥외집회(천장이 없거나 사방이 폐쇄되지 아니한 장소에서 여는 집회)는 사전에 경찰서장에게 신고하도록 하고 있는 것입니다.

집시법에 위와 같은 신고의무 조항을 둔 이유는 무엇일까요? 집회 개최요건을 까다롭게 해서 최대한 집회를 열지 못하도록 하기 위함일까요?

관련된 대법원 판결[6]은 "집시법이 옥외집회나 시위를 주최하려는 자로 하여금 일정한 사항을 사전에 관할 경찰서장에게 신고하도록 규정한 것은 관할 경찰서장이 그 신고에 의하여 옥외집회나 시위의 성격과 규모 등을 미리 파악하여 적법한 옥외집회나 시위를 보호하는 한편 옥외집회나 시위를 통하여 타인이나 공동체의 이익이 침해되는 것을 방지하여 공공의 안녕질서를 유지하기 위한 사전조치를 마련하도록 하기 위함이다"라며 신고의 목적이 집회나 시위를 보호하고, 다른 사람에 대한 권리침해를 예방하기 위함이라는 점을 분명히 밝히고 있습니다.

따라서 다른 학생의 학습권 등의 권리를 침해하거나 공공질서

6) 대법원 2013. 10. 24. 선고, 2012도11518 판결

를 어지럽힐 염려가 없는 경우에는 단순히 신고를 하지 않았다는 이유만으로 불법집회라 할 수 없습니다.

이 대법원 판결은 공공질서를 어지럽힐 염려가 있는지 여부와 관련하여, "헌법이 집회의 자유를 보장하는 근본이념과 앞서 본 집시법의 규정 내용 및 입법 취지 등을 종합하여 볼 때, 집회의 목적, 방법 및 형태, 참가자의 인원 및 구성, 집회 장소의 개방성 및 접근성, 주변 환경 등에 비추어 집회 과정에서 불특정 다수나 일반 공중 등 외부와 접촉하여 제3자의 법익과 충돌하거나 공공의 안녕질서에 해를 끼칠 수 있는 상황에 대한 예견가능성조차 없거나 일반적인 사회생활질서의 범위 안에 있는 것으로 볼 수 있는 경우에는 설령 외형상 천장이 없거나 사방이 폐쇄되지 아니한 장소에서 개최되는 집회라고 하더라도 이를 집시법상 미신고 옥외집회의 개최행위로 보아 처벌하여서는 아니 될 것이다"라고 판단기준을 제시했습니다.

이 진정에 대한 위원회의 결정문에서 "동 집회시간이 점심시간이었고, 다른 학생 및 교사의 수업을 방해하지 않았으며, 집회가 평화적으로 전개된 점"을 토대로 불법집회가 아니라고 판단한 것도 집시법 신고의무 조항과 관련된 위 대법원의 판결과 일치합니다.

집회의 자유 역시 민주주의 확립을 위해 꼭 필요한 기본권이며, 앞선 사례의 '표현의 자유'가 집단화된 형태라 볼 수 있기에 제한을 함에 있어서도 엄격한 기준이 필요하다 할 것입니다.

이 서약서에
서명해야 할까요?

전국에는 특성화 고등학교와 마이스터 고등학교가 있습니다. 산업 수요 맞춤형으로 운영되는 이 고등학교들은 현장실습을 중요시합니다. 그런데 현장실습에 나가려면 학생과 학부모에게 서약서를 쓰게 합니다. 서약서의 내용은 '현장실습 기간 중 학교의 명예를 손상시키지 않을 것' '소속 회사의 사규를 성실히 준수할 것' 등입니다. 이런 서약서는 양심의 자유를 침해할 뿐만 아니라 사업장에서 발생하는 노동권 침해에 대해 문제제기를 하지 못하도록 압박하는 작용을 합니다. 이를 어떻게 바꿀 수 있을까요?

교육부 및 교육청 주장

현장실습 파견 전, 학교와 회사의 규칙 준수 등 의무사항을 인지시키고 현장실습에 임하는 마음가짐을 다지게 하기 위한 목적으로 서약서를 제출받고 있습니다.

위원회의 판단

'서약'은 서약을 하는 당사자가 자신의 내심의 영역에서 이루어지는 판단과 결정에 따라 자발적으로 특정한 사항을 맹세하고 약속하는 행위로, 본질적으로 그 내용과 방식에 대한 결정은 스스로의 판단과 의사에 따라 행해져야 하는 것입니다.

그러나 각 교육청은 위와 같이 서약서를 작성하고 학생 및 학부모로 하여금 서약서에 기재된 내용에 동의하고 서명하여 제출하도록 하면서 이를 거부할 수 있다는 점을 안내하지 않았습니다.

따라서 현장실습을 나가야 하는 상황에 있는 학생과 학부모의 입장에서는 서약서의 내용에 동의하지 않거나, 서명을 하고 싶지 않더라도 서약서를 제출할 수밖에 없고, 이처럼 본인의 의사와 무관하게 문서에 기재된 내용을 따르겠다는 의사표현을 하도록 강제된다는 점에서 양심의 자유를 제한받게 됩니다.

또한 아무런 법률적 근거 없이 현장실습 대상 학생 및 학부모에게 배상책임, 권리의 포기, 추상적인 의무이행 등을 약속하는 내용의 서약서를 제출하도록 실질적으로 강제하고 있는 바, 이는 「헌법」제19조, 제10조가 규정하고 있는 학생 및 학부모의 양심의 자유, 일반적 행동자유권을 침해한 행위에 해당합니다.

주문

1. 교육부장관에게 「현장실습 매뉴얼」의 현장실습 동의서 및 서
   약서 작성에 대한 내용을 삭제할 것을 권고합니다.

2. 인천광역시, 대전광역시, 대구광역시, 부산광역시, 울산광역
   시, 광주광역시, 세종특별자치시, 강원도, 경기도, 충청남도,
   충청북도, 전라북도, 경상북도, 제주특별자치도의 각 교육감
   에게, 현장실습 동의 및 서약서 작성에 대한 사항을 규정한
   「교육청 현장실습 운영지침」을 개정하고, 관할 지역 내 특성
   화고등학교와 마이스터 고등학교에서 실시 중인 현장실습

서약서 작성을 중단 및 폐지할 것을 권고합니다.

되새겨 보기

이 사건에서 위원회는, 학생들에 대한 서약서 강요행위를 양심의 자유와 일반적 행동자유권 침해 관점에서 자세히 다루었습니다. 이 사건의 '청소년 노동인권' 침해 측면에 대해서도 살펴보고자 합니다.

'마이스터 고등학교'는 「초중등교육법시행령」 제90조(특수목적 고등학교) 제1항 제10호에 규정된 "산업수요 맞춤형 고등학교"를, '특성화고등학교'란 동 시행령 제91조(특성화고등학교) 제1항에 규정된 "특정분야의 인재양성을 목적으로 하는 교육 또는 자연현장실습 등 체험위주의 교육을 전문적으로 실시하는 고등학교"를 말합니다.

두 고등학교 모두 현장실습이라는 이름으로, 학생이 교내가 아닌 직업현장(기업)에 직접 파견되어 실습을 받는 과정을 운영하고 있습니다. 현장실습이 끝난 후 취업으로 이어지는 경우가 많아 실질적으로는 졸업 전 조기취업하는 기회로 활용되고 있습니다.

이와 같은 상황에서 '책임 또는 준수사항 위반에 대한 처벌감수' '현장실습 중 본인의 부주의로 발생한 사고는 책임지지 않는다' '물적 손실에 대해서는 보호자가 배상의 책임을 진다'는 등의 내용이 적힌 서약서를 작성하도록 하는 것은 현장실습 중인 학생들의 노동권을 부당하게 침해하는 역할을 할 수 있습니다.

청소년 실습생도 일반 근로자와 마찬가지로, 유해하고 위험한 환경에 노출되지 않고 안전한 노동환경을 제공받을 권리가 있습니다. 그럼에도 불구하고 위와 같이 일방적으로 불리한 내용의 서약서를 미리 작성하도록 하는 것은 아직 성장기에 있는 학생들의 심리를 위축시켜 회사에 정당한 권리행사를 할 수 없게 만들 수 있습니다. 일방적으로 근로자에게 불리하게 작성된 서약서나 근로계약서는 무효이며, 근로자의 부주의로 인한 사고라고 해도 회사가 안전한 근로환경을 제공하지 못해서 발생한 경우라면 회사도 책임을 면할 수 없습니다.

청소년들은 「헌법」과 「근로기준법」에 규정된 근로자의 권리가 무엇인지 자세히 알지 못하고, 그 권리들이 자신들에게도 당연히 적용된다는 사실을 모르기 쉽습니다. 그로 인해 당연히 누릴 권리를 누리지 못하거나 고용주로부터 부당한 대우를 당하는 사례가 많습니다. 부당한 대우는, 최저임금에 못 미치는 임금을 받거나, 근로계약서를 작성해주지 않는 사례, 부당한 초과근무 요구, 임금체불 등 종류가 다양합니다.

여성가족부가 2018년 7~9월 전국 17개 초·중·고등학교에 다니는 청소년 1만 5,657명을 대상으로 실시한 실태조사에 따르면, 아르바이트를 해본 청소년 중 34.9%가 최저 시급을 제대로 받지 못했다고 응답했습니다. 또한 근로계약서를 작성하지 않은 청소년이 무려 61.6%에 이르렀고 작성한 근로계약서를 받지 못한 청소년도 42%로 나타났습니다. 부당한 초과근무를 요구받은 경우는 17.7%였고, 급여를 약속한 날보다 늦게 받은 경우도 16.3%에 달했습니다.

위와 같은 설문조사 결과는 고용주들이 청소년들을 완전한 인격체로 보지 않는 것에 기인합니다. 과거보다 나아지고 있기는 하나 아동과 청소년의 노동인권에 대해 사회구성원들의 인식 개선이 이루어져야 할 것입니다.

청소년들이 노동인권을 침해 받았을 경우 무료상담과 권리구제를 받을 수 있는 '청소년근로 권익센터'와 '청소년근로 보호센터' 등이 설치되어 있으므로 적극적으로 활용할 필요가 있습니다.

임신이
죄는 아니잖아요

저는 고등학교 3학년에 재학 중인 학생입니다. 다른 학생과 다른 점은 재학 중에 임신을 했다는 것 정도겠네요. 하지만 학교는 임신한 상태로 등교할 수 없다면서 저에게 자퇴를 종용했습니다. 결국 이기지 못하고 자퇴를 했지만 불합리한 차별이라 생각합니다. 임신이 정말 처벌받아야 할 죄인가요?

학교 측 주장

다른 학생들의 학습권도 보호하여야 하기에 최선의 방법은 휴학이라고 판단하여 휴학을 권유했습니다. 학생의 본분은 학업에 전념해야 하는 것이므로, 학생이 임신을 했다는 사실만으로도 학교생활규정 상 금지행위인 '불미스러운 행동' 및 '풍기문란 행동'으로 판단됩니다.

위원회의 판단 ────────────────

「국가인권위원회법」 제2조 제4호는 합리적 이유 없이 임신 등을 이유로 교육시설 이용과 관련하여 특정한 사람을 우대, 배제, 구별하거나 불리하게 대우하는 행위를 평등권을 침해하는 차별행위로 규정하고 있습니다.

학습권은 아동의 성장과 발달, 인격완성을 위해 필요한 학습을 할 고유의 권리로서 기본적 인권 중에서도 핵심입니다. 또한 임신으로 인해 학업을 중단할 경우 일생을 통해 실업상태나 잠재적인 실업에 놓일 가능성이 높아 장기적인 빈곤 문제를 야기할 수 있습니다. 청소년 임신이 권장할 일은 아니지만 그렇다고 그 자체로 청소년 학생에게서 교육받을 권리와 건강한 시민이 될 수 있는 기회를 박탈할 이유 또한 될 수 없습니다.

따라서 임신을 했다는 이유로 학교가 휴학 또는 자퇴를 종용하고 이로 인해 학생이 자퇴를 결정했다면 이는 학생의 학습권을 침해한 것입니다.

주문

1. 피진정인에게, 피해자를 재입학시켜 학업을 계속할 수 있도
록 할 것을 권고합니다.

2. ○○시 교육감에게, 피진정인에 대해 경고 조치할 것과 재
학 중 임신한 학생이 학업을 계속할 수 있는 방안을 마련하
여 시행할 것을 권고합니다.

되새겨 보기

「국가인권위원회법」 제2조 제3호는 "평등권 침해의 차별행위"
란 합리적인 이유 없이 성별, 종교, 장애, 나이, 사회적 신분, 출
신 지역, 출신 국가, 출신 민족, 용모 등 신체조건, 혼인 여부, 임
신 또는 출산, 가족 형태 또는 가족 상황, 인종, 피부색, 사상 또
는 정치적 의견, 형의 효력이 실효된 전과, 성적 지향, 학력, 병력
등을 이유로 특정한 사람을 우대·배제·구별하거나 불리하게
대우하는 행위라 정의하고 있습니다.

위 조항에서 예시로 열거된 차별 사유들을 이유로 누군가를
구별하고 배제하려 한 적이 없었나요? 평소에는 전혀 차별적 감

정을 불러일으키지 않던 이유나 상황도 '특정한 환경 또는 단어와 조합'이 되었을 때, 불편하거나 불쾌한 감정을 느낄 수 있습니다. 예를 들면, 평소에는 임산부들에 대해 보기 싫다거나, 차별적인 감정이 들지 않았었는데도 임신이라는 상황이 '고등학생이라는 단어' 또는 '학교라는 환경'과 만났을 때는 우리를 불편하게 만들 수 있는 것입니다.

이럴 때 우리는 스스로의 마음속을 찬찬히 되돌아봐야 합니다. 혹시라도 불합리한 차별의식이 숨어 있지는 않은지……. 역지사지하며 세세하게 검증하지 않으면, 우리는 비합리적인 이유를 만들어서라도 차별을 정당화하려 할 수 있기 때문입니다.

이 사건에서 피진정인은 다른 학생들의 학습권도 보호해야 한다고 주장하고 있습니다. 그러나 임신한 친구와 함께 학교를 다니면 어떻게 학습권을 침해받는 것인지 제대로 설명하지 못하고 있습니다. 또한 임신이 어떻게 학교생활규정상 징계사유로 규정되어 있는 '불미스런 행동 또는 풍기문란'에 해당되는지도 설득력 있는 논거를 제시하지 못했습니다.

피해자는 남자친구와 결혼을 약속한 사이이고, 이미 양쪽 집안의 허락도 받은 상태였습니다. 학업에 전념하기 위해서 학창시절의 임신은 바람직하지 않을 수 있습니다. 그러나 그것은 어

디까지나 임신한 학생 본인을 위해 그렇다는 것입니다.

임신한 학생을 보고 누군가 기분이 나빠져 눈살을 찌푸리거나, 뒤에서 흉보는 일이 발생한다 하더라도 그건 그 사람이 편협한 고정관념에 사로잡혀 있기 때문입니다. 이런 언짢은 느낌을 누군가 가질 수 있다는 것 외에 임신한 피해자가 타인들에게 직접적으로 끼치는 피해는 전혀 없습니다.

이 사건의 학생도 의도치 않은 임신으로 놀라고 당황했을 것입니다. 그런 와중에, 주위의 불편한 시선을 감내하고서라도, 예정대로 학업을 마치겠다고 결정했습니다. 그 용기에 위로와 격려는 해주지 않고 휴학이나 자퇴를 강요한 것은 차별행위이자, 인권침해에 해당합니다.

피진정 학교는 위원회의 권고를 받아들여 이 학생을 재입학시켰습니다. 아이를 무사히 출산한 학생은 친구들과 함께 예정된 시기에 고등학교를 졸업했고 대학에도 진학했습니다.

단체를 조직하거나
가입할 자유

저희 중학교는 허가 없이 교내에 게시물을 게시하는 것을 금지하고 있고, 허가 없이 모임을 조직하거나 모임에 가입하는 것도 금지하고 있습니다. 이는 학생들의 인권을 침해하는 것이라 생각합니다.

학교 측 주장

학교에서의 게시물은 공공기관에서처럼 공공의 목적에 꼭 필요하다는 판단 후에 게시해야 합니다. 학생들이 학교장 허가 없이 학교 내에서 게시물을 게시할 경우 정치, 종교, 성(性) 등과 관련된 민감하거나 선정적인 내용이 무분별하게 게시되어 학생들의 건전한 가치관 형성 및 정체성 확립에 부정적 영향을 끼칠 우려가 있고, 과도한 광고나 무분별한 게시로 인해 공공의 질서를 해치고 환경 미화에도 좋지 않습니다.

학교에는 '학생 자율동아리'를 통해 학생이 주가 되어 관심사를 친구들과 함께 나누고 학습할 수 있는 방안이 마련되어 있습니다. 학생들이 자율동아리 계획서를 제출하면, 학교장 검토 후에 허가 여부를 결정하고 있습니다.

교육 현장은 교육 본래의 목적에 따라 그 기능을 다하도록 운영되어야 하며, 학교장의 허가 없이 단체 조직을 허용할 경우 정치적, 파당적 또는 개인적 편견을 전파하기 위한 방편으로 이용되거나 특정한 종교를 위한 종교 활동 및 교육으로 이어질 수 있는 위험도 있습니다. 특히 성장기에 있는 청소년들은 사회의 이익에 반하는 단체에 가입하여 행동할 우려가 있습니다.

위원회의 판단

「헌법」 제21조 제1항은 개인적 표현의 자유로 언론 · 출판의 자유를 보장하고 있고, 집단적 표현의 자유로 집회·결사의 자유를 보장하고 있습니다. 같은 조 제2항은 언론·출판에 대한 허가나 검열, 집회·결사에 대한 허가는 인정되지 아니한다고 하여 표현의 자유에 대한 사전제한 금지의 원칙을 규정하고 있습니다.

피진정 학교가 허가 없이 게시물을 게시하거나 모임을 조직하고 가입하는 것을 금지하는 것은 헌법 제21조에서 보장하는 학생들의 표현의 자유와 결사의 자유를 침해하는 것으로 판단됩니다. 피진정인은 학생들의 게시물 게시, 단체 활동 등에 대한 사전허가 행위를 중단하고 학생들의 표현의 자유와 결사의 자유가 과도하게 제한되지 않도록 현행 관련 「학생생활지도규정」을 개정하여야 합니다.

주문

1. ○○학교장에게, 학생의 게시물 게시, 단체 조직에 대한 사전허가 행위를 중단하고, 「헌법」 제21조, 「아동의 권리에 관한 협약」 제13조 및 제15조 등에 근거하여 학생의 표현의 자유와 결사의 자유가 과도하게 제한되지 않도록 현행 관련 「학생생활지도규정」을 개정할 것을 권고합니다.

2. ○○시 교육감에게, 관내 모든 중·고등학교를 대상으로 학

교규칙 상 학생의 게시물 게시 및 단체 조직에 대한 사전 허가규정을 점검하여 그 개선 방안을 마련할 것을 권고합니다.

되새겨 보기

게시물을 자유롭게 게시할 수 있는 권리인 표현의 자유는 '학교 앞 유인물 배포' 진정사건에서 자세히 다루었으므로, 이 진정사건에서는 '결사의 자유'가 무엇인지, 그리고 어떤 의미를 갖는

지에 관해 살펴보기로 합니다.

헌법재판소 결정(92헌바47)에 따르면, 「헌법」 제21조가 규정하는 결사의 자유라 함은 '다수의 자연인 또는 법인이 공동의 목적을 위하여 단체를 결성할 수 있는 자유'를 말하는 것으로 적극적으로는 ① 단체 결성의 자유, ② 단체 존속의 자유, ③ 단체 활동의 자유, ④ 결사에의 가입·잔류의 자유를, 소극적으로는 ① 기존의 단체로부터 탈퇴할 자유와 ② 결사에 가입하지 아니할 자유를 내용으로 합니다.

「헌법」 제21조 제1항은 "모든 국민은 언론·출판의 자유와 집회·결사의 자유를 가진다"고 규정하고 있고, 같은 조 제2항은 "언론·출판에 대한 허가나 검열과 집회·결사에 대한 허가는 인정되지 아니한다"고 규정하고 있습니다. 여기에서는 제2항의 의미가 중요합니다. 결사의 자유에 대한 허가는 인정되지 아니한다는 것은 무슨 뜻일까요?

'허가'의 법적 의미는 '어떤 행위를 하는 것을 일반적으로 금지해놓은 후, 특정한 경우에만 그 금지를 해제해주는 것'을 말합니다. 결사의 자유와 관련하여 일반적으로 단체 결성을 금지시켜놓은 후에 허가권자가 심사하여 단체결성을 허가해주는 허가제는 인정될 수 없다는 것입니다. 이 사건에서 학생들이 '학생 자율동아리' 등 단체를 조직하려면, 계획서를 학교에 제출하여야 하고, 학교장은 제출된 계획서를 검토하여 허가 여부를 결정하고 있습니다. 이는 「헌법」 제21조 제2항에 의해 인정될 수 없습니다.

「헌법」 제21조에서 표현의 자유, 집회의 자유와 더불어 결사의 자유를 엄격하게 보호하는 이유는 무엇일까요? 성인들의 정치 세계는 물론이고 학생들의 학교생활에서도 민주주의가 매우 중요하기 때문입니다. 개인적으로 흩어져 있는 표현의 자유는 집회의 자유를 통해 집단화되어 그 힘을 보여줄 수 있고, 날마다 모여 집회를 할 수 없으므로 결사의 자유를 통해 그 모임이 계속되는 효과를 발휘할 수 있는 것입니다.

사회 구성원들이 모여 있는 곳은 그 규모가 크든 작든 상관없이, 늘 새로운 의견이나 기존 조직을 비판하는 의견도 힘을 낼 수 있어야 합니다. 그러기 위해서 표현의 자유, 집회의 자유에 더 한층 힘을 실어주는 결사의 자유도 민주사회에서 반드시 보장되어야 할 국민의 기본권 중 하나입니다.

학교폭력(따돌림),
아이 싸움이 아닙니다

저는 같은 중학교에 다니는 7명으로부터 학교폭력을 당했습니다. 정신적으로 너무나 힘들어서 상담선생님께 상담을 요청했습니다. 그런데 상담선생님께서 마침 가해학생들이 자리에 찾아왔다며 함께 집단상담을 하자고 강하게 권유했습니다. 그리고 이 집단상담을 하는 과정에서 저를 보호하기 위해서 적극적으로 개입하지도 않았습니다. 이 상담과정에서 감당하기 힘든 스트레스를 받은 저는 결국 병원에 입원했고, 도저히 이 학교를 계속 다닐 수 있을 것 같지 않습니다. 제가 받은 상처, 누가 책임을 져야 하나요?

교사 주장

피해자인 A학생과 약 15분 정도 학교폭력(따돌림) 피해에 대해 상담해보니 상처를 많이 받은 것으로 보였습니다. 때마침 가해자로 지목된 학생들(이하 '관련 학생들')도 상담실로 찾아왔기에, 피해자에게 같이 얘기해보자고 했습니다. 피해자는 수업을 들으러 가겠다며 교실로 돌아갔지만 관련 학생들과 함께 상담 받는 것이 싫다고 말하지는 않았습니다.

관련 학생들만 남아서 상담을 이어가던 중 관련 학생들이 피해자와 화해하고 싶다고 하기에, 서로 간의 오해를 풀어주어야 한다고 생각하여 피해자를 상담실로 다시 불렀습니다. 다시 상담실에 온 피해자는 관련 학생들과 함께 상담하기 싫었을 수도 있었겠지만 이때에도 싫다는 의사를 명확하게 표시하지 않았습니다.

위와 같이 한자리에 모인 A학생과 관련 학생들에게 서로 대화를 하도록 한 후, 피진정인은 그들로부터 1미터 정도 떨어져 앉아 있었습니다. 대화 전에, 다수가 한 사람을 공격하거나 비속어를 사용하지 말라고 주의를 주었습니다.

위원회의 판단

교육부의 「학교폭력 사안처리 가이드북」은 따돌림 등 학교폭력 사안이 발생할 경우, 교사는 피해학생의 심리적, 정신적 상태

를 확인하고 마음을 안정시켜 교사에 대한 신뢰감을 갖도록 하
며, 이야기를 듣고 성급하게 가해학생과 피해학생을 대질시켜서
는 안 되고, 강제로 한자리에 모아 화해시키거나 오해를 풀도록
하면 안 되며 학생들끼리 얘기하라고 교사가 자리를 비우는 경
우도 적절치 않으며, 따돌린 학생 다수와 따돌림 받은 학생 1명
이 한 공간에 있게 되면 피해학생은 더욱 심한 공포심과 위압감
을 느끼게 되므로 피해학생과 가해학생은 교사가 따로 불러 상
담을 해야 한다고 제시하고 있습니다.

피진정인은 피해자가 개인 상담을 원했음에도 충분히 상담하지 않고, 관련 학생들의 요청에 따라 오해를 풀어주겠다며 피해자에게 학교폭력 사안의 상대방인 관련 학생들을 성급하게 대면시켰습니다.

피진정인의 이러한 행위는 학교폭력(따돌림) 사안에 관하여 피해자의 입장과 심리적, 정신적 상태를 고려하지 못한 부적절한 조치로서 피해자의 인격권 및 행복추구권을 침해했다고 판단됩니다.

주문

1. ○○중학교장에게, 피진정인에 대하여 주의조치할 것을 권고합니다.
2. ○○교육청 교육감에게, 학생 상담활동과 관련한 유사사례 재발방지를 위하여 관내 학교에 대해 지도 · 감독할 것을 권고합니다.

되새겨 보기

「학교폭력예방 및 대책에 관한 법률」 제2조 제1호에 따르면,

'학교폭력'이란 학교 내외에서 학생을 대상으로 발생한 상해, 폭행, 감금, 협박, 약취, 유인, 명예훼손, 모욕, 공갈, 강요, 강제적인 심부름 및 성폭력, 따돌림, 사이버 따돌림, 정보통신망을 이용한 음란·폭력 정보 등에 의하여 신체, 정신 또는 재산상의 피해를 수반하는 행위를 말합니다. 동조 1의 2호에 의하면 '따돌림'이란 학교 내외에서 2명 이상의 학생들이 특정인이나 특정집단의 학생들을 대상으로 지속적이거나 반복적으로 신체적 또는 심리적 공격을 가하여 상대방이 고통을 느끼도록 하는 모든 행위를 말합니다.

이 진정사건은 피해자에 대해 거짓 소문을 낸 제3의 학생 때문에 비롯되었습니다. 관련 학생들은 거짓말을 한 학생이 지어낸 헛소문에 반응하며, 피해자에게 빈정거리고 피해자를 따돌렸습니다. 피해자가 진실을 말해도 관련 학생들은 듣지 않았습니다. 이에 피해자도 답답하고 화나는 마음에 관련 학생들 중 한명인 B학생에 대한 험담을 SNS에 올렸습니다. 그러자 다시 관련 학생들이 피해자를 만나 이에 대해 따지며 공격했습니다.

이 일로 피해자의 아버지가 학교로 찾아와 담임교사 등과 면담했고 B학생의 어머니도 만났으나 화해가 되지 않았습니다. 학생상담 업무를 맡고 있는 피진정인은 피해자 담임교사의 요청으로 피해자를 만나 상담하게 되었습니다.

학생상담 업무를 맡고 있는 피진정인은 상담교사임에도 불구하고 「학교폭력사안 처리 가이드북」 내용과 달리 피해자와의 충분한 상담도 마치지 않은 상태에서 관련 학생들을 성급하게 대면시켰고, 피해자의 마음을 살피거나 고려하지 않고 화해 분위기 조성에만 급급했습니다.

결국 당일 저녁 무렵 피진정인의 권유로 최초로 거짓말한 학생과 통화가 이루어져 소문이 거짓말이었음이 밝혀졌고, 피해학생과 관련 학생들은 서로 사과했습니다.

피진정인의 의도대로 학교폭력 사건이 잘 해결된 걸까요? 그날 집으로 돌아온 피해자는 복통과 두통 등의 증상을 호소했고, 다음 날 병원에 입원하여 신경정신과 진료가 필요하다는 진단을 받았으며, 이후 다른 학교로 전학까지 가게 되었습니다.

피진정인은 아마도 학생들이 아직 중학교에 다니는 어린 학생들이라는 이유로, 아이들은 싸우면서 자란다거나, 금방 잊고 다시 함께 놀 수 있을 것이라는 단순한 생각을 했을 것입니다. 그렇기에 빠른 시간 내에 당사자들의 오해를 풀어주고 화해를 시키는 것이 최선이라고 판단했을지도 모릅니다. 그러나 어린 학생들이라고 해서 상처를 덜 받거나 쉽게 잊는 것이 아닙니다.

학교폭력의 폐해는 우리가 상상하는 것보다 훨씬 큽니다. 어린 시절의 왕따 경험 등 학교폭력 피해로 인해 평생 고통에 시달리며 살기도 하고, 심지어 극단적인 선택을 하는 사례도 언론에 자주 보도됩니다. 일부 몰지각한 사람들은 피해자의 행동을 문제 삼으며 오히려 피해자 탓을 하기도 합니다. 그러나 그런 시선이야말로 직접적인 가해 못지않게 피해자를 괴롭게 하는 가해행위입니다.

학교폭력, 특히 따돌림에 의한 폭력일 경우에는 사실관계에 대한 확인보다 피해자의 심리상태에 대해 좀 더 관심을 기울였어야 합니다. 가해학생들로부터 놀림, 따돌림 등 심리적 공격을 당하는 기간 동안 피해자의 심리상태는 억울함, 분노로 채워졌을 것이고, 상대방은 7명이나 되는 다수이기에 화도 제대로 낼 수 없는 상태여서 패배감은 더욱 더 심해졌을 것이기 때문입니다.

이런 상태에서 이루어진 상대방의 성급한 사과는 무용지물입니다. 더구나, 피해를 호소했던 상담교사에게 제대로 위로받지도 못한 채, 피해자도 자신의 과격했던 표현에 대해 함께 사과해야 하는 상황이라면, 피해자가 느꼈을 감정은 모멸감이었을 것입니다.

우리 모두는 언제 어디서나 이 진정사건의 상담교사 위치에 놓일 수 있습니다. 억울한 일을 당하거나 따돌림을 당해 피해를 호소해오는 친구에게, 우리는 어떤 자세로 그의 말에 귀를 기울여야 할까요? 역지사지, 처지를 바꾸어서 생각해보면 쉽게 답이 나올 것입니다.

제4장

:

사회 속
차별과 인권침해,
우리는 이러지 맙시다!

식사준비,
성별에 따라 다르지 않아요

여성가족부는 엄마와 아이, 또는 아빠와 아이로 구성된 한 부모 가정을 위해 모·부자 복지시설을 운영하고 있습니다. 저는 미혼모로 아이와 함께 모자 복지시설에 거주하고 있습니다. 그런데 모자 복지시설과 달리 부자 복지시설에는 영양사와 조리사가 있습니다. 이것은 여성가족부가 저와 같은 모자로 구성된 가정을 불합리하게 차별하는 것이 아닌가요?

여성가족부 주장

피진정인은 모·부자 복지시설을 운영함에 있어 입소자들의 불편해소와 안전을 위하여 시설 유형별로 입소자 또는 이용자의 특성을 고려하여 일정한 시설면적과 설비기준 등을 갖추도록 법령에 명시하고 이를 관리, 감독하고 있습니다.

모·부자 복지시설은 단순히 수용을 목적으로 하는 일반사회 복지시설과는 달리 입소가정의 자립과 적극적 문제해결 능력을 키우고 자녀들의 양육책임을 강화하기 위해 설립되어 운영되고 있고, 이러한 목적에 기초하여 입소 세대별로 음식을 조리해서 먹도록 부엌이 설치되어 있습니다.

다만, 부자가정의 경우에는 부(父)가 음식을 조리하는 역할을 제대로 수행하지 못하는 경우가 많을 뿐만 아니라 모자가정의 모(母)에 비해 가사문제에 더 큰 어려움을 느끼고 있고, 지금까지의 사회화 과정과 그로 인한 남녀역할 차이를 고려하여 부자시설에만 식당 및 조리실을 추가로 설치하도록 했고 영양사와 조리사를 두도록 했습니다.

위원회의 판단 ────────────────

「국가인권위원회법」 제2조(정의) 제4호에서는 합리적인 이유 없이 성별을 이유로 주거시설의 이용과 관련하여 특정한 사람을 우대, 배제, 구별하거나 불리하게 대우하는 행위를 "평등권 침해의 차별행위"로 규정하고 있습니다.

한부모 가정은 양부모 가정과는 달리 모 또는 부가 경제활동 및 가사노동이라는 두 가지 역할을 혼자 수행해야 합니다. 이런 어려움은 모자가정이나 부자가정이 다르지 않습니다. 그럼에도 불구하고 피진정인이 모자 복지시설이라는 이유로 부자 복지시설과 달리 식당 및 조리실과 영양사 및 조리사에 관한 규정을 두지 않은 것은 성별을 이유로 한 합리적 이유 없는 차별행위입니다.

주문

피진정인에게, 「한부모가족지원법 시행규칙」에 규정된 시설인 식당 및 조리실이 성별이 아닌 시설이용자의 욕구와 필요성에 부합하여 설치될 수 있도록 그 설치요건을 개정할 것을 권고합니다.

되새겨 보기

피진정인은 한부모 가족을 지원하는 업무의 주무부처이며, 「한부모가족지원법 시행규칙」의 제정과 개정 업무도 담당하고 있습니다. 이 시행규칙 제10조의 2는 한부모 가족 복지시설의 설치기준을 정하고 있는데, 모자 복지시설과 달리 부자 복지시설

에만 식당과 조리실을 설치하고 영양사와 조리사도 두도록 규정하고 있습니다.

복지시설에 거주하는 한부모 가족이라 하더라도 각 가정의 특성에 따라 공동식당 이용이 절실히 필요한 모자가정도 있을 수 있고, 어떤 부자가정은 이런 서비스가 불필요할 수도 있습니다.

그런데도 단지 한 부모가 어머니인지, 아버지인지에 따라 일률적으로 공동식당과 영양사, 조리사의 배치 유무를 달리 한다는 것은 아무런 문제의식 없이 기존의 성별 고정관념을 따르고 있는 것에 불과합니다. 피진정인 여성가족부는 양성평등 정책의 주무부처라는 점에서 이 사건의 시행규칙은 더욱 문제점이 많아 보입니다.

위원회는 꾸준히 성차별 진정사건에 대해 권고를 해오고 있는데, 여성에 대한 차별뿐만 아니라 남성에 대한 차별에 대해서도 시정을 권고하고 있습니다. ○○대학 간호학과에서 남학생을 모집하지 않는 것은 성차별이므로 개선하라는 권고를 한 바 있고, 최근에는 대학생기숙사가 입사 인원을 여성 85%, 남성 15% 비율로 고정하고 여학생에게만 1인실을 배정하는 것은 성별을 이유로 남학생을 차별하는 행위라며 해당 기숙사에 입사신청자 성별 현황을 고려해 합리적으로 운영하라고 권고한 바 있습니다.

장애인이라는 이유로
주택임대 거부

저는 청각장애인입니다. 최근 이사할 집을
구하러 다니다가 마음에 드는 집을 발견했
습니다. 임대차계약서를 작성하던 도중 집
주인이 갑자기 제가 청각장애인임을 뒤늦게
알았다며 계약을 거부했습니다. 이는 장애를
이유로 한 불합리한 차별이라 생각합니다.

집주인 주장

본인은 임대업자로서 40여 가구를 관리하고 있는데, 매번 각
세대를 방문할 수 없어 임차인들과 대부분 전화로 의사소통을
하고 있습니다. 계약서를 작성하던 도중에서야 임차인이 청각장
애인인 것을 알았습니다. 처음부터 청각장애인인 줄 알았으면

계약도 진행하지 않았을 것입니다. 청각장애가 있는 피해자 같은 경우는 가구 수가 적은 주택을 찾아서 계약을 해야 주인과 필담이나 손짓 등으로 의사소통이 가능할 것입니다.

위원회의 판단

「장애인차별금지 및 권리구제 등에 관한 법률」 제16조는 토지 및 건물의 소유 · 관리자는 당해 토지 및 건물의 매매, 임대, 입

주, 사용 등에 있어서 정당한 사유 없이 장애인을 제한, 배제, 분리, 거부하여서는 아니 된다고 규정하고 있습니다.

이 사건에서 피진정인의 주택임대 거부행위에 정당한 사유가 있음이 인정되기 위해서는 피진정인이 피해자에게 주택을 임대하는 것이 피진정인에게 '과도한 부담'이 되거나 '현저히 곤란한 사정'이 있다는 점, 혹은 그 거부행위가 '사업수행의 성질상 불가피한 경우'에 해당한다는 점이 객관적이고 합리적인 근거를 통해 입증되어야 합니다.

피진정인은 단지 청각장애인이 입주하면 의사소통에 어려움이 있다는 것만을 주장할 뿐, 그 외의 다른 사정이나 주택임대 거부의 불가피성에 대하여 주장한 바 없고, 여타의 정당한 사유가 존재한다고 인정하기도 힘듭니다. 따라서 이 사건 피진정인의 주택임대 거부행위는 정당한 사유 없이 장애를 이유로 피해자를 차별한 행위로 판단됩니다.

주문

피진정인에게, 국가인권위원회가 주관하는 특별인권교육을 수강할 것을 권고합니다.

되새겨 보기

보건복지부 자료에 따르면, 2019년 말 기준 등록된 장애인은 261만 8,000명으로 전체 인구의 5.1%에 해당하며, 장애유형별로 15개 장애유형을 분석한 결과, 지체(122만 3,000명, 46.7%), 청각 (37만 7,000명, 14.4%), 시각(25만 3,000명, 9.7%), 뇌병변(25만 2,000명, 9.6%) 순으로 비율이 높았습니다. 결코 적지 않은 장애인들이 우리 주변에 이웃하여 함께 살고 있습니다.

이 사건에서 피진정인은 본인이 임대업자이고 40여 가구나 관리하다 보니 의사소통이 제대로 되지 않는 청각장애인에게 주택을 임대해줄 수 없다고 주장하고 있습니다. 과연 그럴까요?

통상적으로 주택 임대인과 임차인이 연락을 취할 일은, 임대차기간의 만료 전후나, 주택에 하자가 발생하여 수리를 요하는 경우 등 아주 특별한 경우에 한정될 뿐, 잦은 의사소통이 필요하지 않습니다. 또한 의사소통이 필요한 경우라 하더라도 휴대전화의 문자메시지 기능이나 이메일 등을 이용하면 얼마든지 원활하게 용건을 주고받을 수 있습니다.

피진정인도 위와 같은 대체 방법이 있다는 것을 모를 리가 없지만, 단지 장애인에 대한 막연한 거부감 때문에 임대차계약을 거부한 것으로 보입니다. 위원회는 피진정인에게 특별인권교육을 수강하도록 권고했습니다. 만약 이와 같은 조치에도 불구하고 피진정인이 장애인에 대한 차별을 계속한다면 어떻게 될까요?

「장애인차별금지 및 권리구제 등에 관한 법률」 제49조(차별행위) 제1항은 "이 법에서 금지한 차별행위를 행하고 그 행위가 악의적인 것으로 인정되는 경우 법원은 차별을 한 자에 대하여 3년 이하의 징역 또는 3천만 원 이하의 벌금에 처할 수 있다"고 규정하고 있고, 악의적인지 여부에 대한 판단기준은 같은 조 제2항에서 ① 차별의 고의성 ② 차별의 지속성 및 반복성 ③ 차별 피해자에 대한 보복성 ④ 차별 피해의 내용 및 규모라고 정하고 있습니다.

따라서 고의적이거나, 반복적으로 장애인을 차별하는 경우 징역이나 벌금형에 처해질 수 있습니다. 이러한 처벌조항 때문이 아니라, 진정으로 장애인의 입장이 되어 공감하는 자세로 함께 살아갈 때 우리 사회는 좀 더 따뜻해지고 정의로워질 것입니다.

일률적인
나이 차별

저는 프로 볼링 선수가 되기 위해 수년 간 볼링 운동에 전념해온 만 41세의 여성입니다. 프로 볼링 선수가 되기 위해서는 피진정인 협회가 주최하는 '프로 볼러 선발전'에 합격해야 합니다. 그런데 피진정인 협회는 선발전 참가자격을 남자 만 45세, 여자 만 40세 이하로 제한하고 있습니다. 이는 나이를 이유로 한 차별이라 생각합니다.

협회 측 주장

나이 제한을 두게 된 이유는, 프로 볼러(프로 볼링 선수)가 된 사람들 중 고령자일수록 매년 개최되는 프로 경기에 출전은 하지 않은 채 프로 볼러 자격증을 볼링장 코치, 강습생 개인지도, 볼링 숍 운영 등의 경제 활동을 위한 도구로만 사용하는 사례가 많았기 때문이며, 2017년도부터 나이를 제한하고 있습니다.

고령의 선수들이 프로 볼러 자격증만 취득한 후, 대회에는 참가하지 않기 때문에 아무리 선수를 보충해도 대회 참가율이 저조하여 협회를 운영하는 데 어려움을 겪고 있습니다.

또한, 고령자들은 대회에 참가하더라도, 경기 중 체력 저하로 인해 투구시간을 지키지 못하는 사례도 빈번히 발생하여 같이 경기하는 다른 선수들마저 본인의 기량을 발휘하지 못하고 있는 실정이어서 이에 대한 불만 사례가 많았습니다.

45세가 넘는 프로 볼러 중에는 우승자도 있고, 좋은 성적을 내는 선수들도 있지만, 대부분의 45세 이상인 선수는 좋은 성적을 내지 못하고 있습니다. 또한, 선발전에 참가하는 데에는 참가비용, 장비 구입, 경기연습 등 많은 비용과 시간이 필요한 데에 반해 고령자의 최종합격률은 낮기 때문에, 이러한 점을 감안하여 프로 볼러 선발전에 나이 제한을 두게 된 것입니다.

위원회의 판단

「국가인권위원회법」 제2조 제3호 및 같은 호 나목은 합리적 이유 없이 나이를 이유로 재화의 공급이나 이용과 관련하여 특정한 사람을 우대 · 배제 · 구별하거나 불리하게 대우하는 행위를 '평등권 침해의 차별행위'로 규정하고 있습니다.

고령인 선수 모두가 대회에 불참하는 것은 아니며, 소수의 불성실 당사자에 대해서는 협회 차원에서 경고, 제명 등의 처분으로 관리할 문제이지 소수의 문제를 고령자 전체의 문제로 일반화하여 프로 볼러가 되고자 하는 모든 사람에 대하여 나이제한을 하는 것은 합리적이라고 보기 어렵습니다.

또한, 체력 저하로 인해 투구시간을 지키기 못하는 등의 문제는 선발전을 통해 개개인의 경기력으로 판단해야 할 문제이지, 일률적으로 생물학적인 나이를 기준으로 응시자격을 제한하는 것은 과도한 제한입니다. 남자 45세, 여자 40세 이하라는 일률적 나이 기준이 경기력에 지장을 줄 정도로 체력과 연관성이 있다는 과학적 근거도 존재하지 않으므로 피진정 협회의 나이 제한은 합리적 이유 없는 차별행위에 해당합니다.

주문

피진정인에게, 협회 정회원이 될 수 있는 프로 볼러 선발전 응시 요건에서 나이 제한을 하지 않을 것을 권고합니다.

피진정 협회는 2017년 기준 1년 동안 약 10억 4천만 원의 상금을 걸고 프로 볼링 대회를 개최했습니다. 상금이 걸린 프로 볼링 대회에 참가하기 위해서는, 먼저 피진정 협회가 주최하는 프로 볼러 선발전에 합격하여 프로 볼러가 되어야 합니다.

그런데 피진정 협회는 고령자들의 경우 ① 프로 볼러가 된 이후 개인 영리를 주로 추구하고 ② 경기 출전 빈도와 경기력이 낮으며 ③ 최종합격률이 낮다고 판단하여 2017년도부터 프로 볼러 선발전의 참가자격에 나이 제한을 두어 남자 만 45세, 여자 만 40세 이하에게만 참가자격을 주었습니다.[7]

이와 같이 나이를 제한하기만 하면 그 이후 선발된 프로 볼러들은 모두 피진정 협회가 원하는 대로 개인 영리 추구 없이 많은 경기에 출전하여 높은 경기력을 보이고 프로 볼러 최종합격률도 현격히 높아질까요?

당연히 그렇지 않을 것입니다. 남자 만 45세, 여자 만 40세 이하를 대상으로 통계를 내보면 그 안에서도 특정 연령대는 위 ①,

---

7) 남성과 여성의 나이를 다르게 제한한 것은 성차별에도 해당되나 진정내용과 위원회의 판단에 성차별에 대한 언급은 없으므로 이에 대해서는 논외로 합니다.

②, ③에 해당하는 비율이 다른 연령대에 비해 상대적으로 높을
것입니다. 그러면 그걸 해소하기 위해 또다시 특정 연령대의 출
전을 제한해야만 하는 걸까요?

어떤 단체나 조직을 운영하다 보면 예상하지 못했던 여러 문
제점들이 발생할 수 있습니다. 그 문제점을 해결하는 방식은 합
리적이고 효율적이어야 합니다.

예를 들어 프로 볼러들이 대회에는 출전하지 않고 자격증을
이용해 개인 영리만을 추구하는 문제점이 발생한다면, 피진정

협회의 회칙을 개정하여 최소한의 대회 출전 의무조항과 벌칙조항을 만들어 해결하는 것이 바람직합니다.

또한 경기력이 낮은 사람이 선발전에 나와 다른 선수를 방해하는 문제점이 있다면, 경기 규칙을 조정해 다른 선수에게 방해가 되는 시간 끌기 행동 등을 원천적으로 하지 못하도록 해결하는 방식이 더욱 더 합리적이고 효율적입니다.

피진정 협회도 인정하고 있는 바와 같이 45세가 넘는 프로 볼러 중에는 대회에 적극적으로 참여하여 좋은 성적을 내고 우승하는 선수들도 적지 않습니다. 그럼에도 불구하고 피진정 협회는 왜 나이 제한이라는 비합리적이고 비효율적인 방법을 택했을까요?

피진정 협회는 프로 볼러 선발전의 응시가능 나이를 남자 만 45세, 여자 만 40세 이하로 '획일화'했습니다. '획일하다'라는 말의 사전적 의미는 "모두가 한결같아서 변함이 없다, 줄을 친 듯 가지런하다"입니다. 가지런하게 딱 떨어지는 숫자로 나이를 제한하여 획일화하면 선발전 참가 인원이 감소하여 협회의 행정업무량은 줄어들 수 있습니다. 그러나 이런 의도로 나이를 제한했다면 그것은 작은 것을 탐하다 큰 것을 잃는 우를 범하는 결과를 초래할 수도 있습니다.

피진정 협회의 미래는 볼링에 대한 다양한 연령층의 꾸준한 관심과 호응이 없다면 점차 퇴락할 수밖에 없습니다. 위원회가 판단한 바와 같이 피진정 협회의 행위는 당연히 합리적 이유 없는 차별행위에 해당합니다. 비합리적이고 비효율적인 나이 차별 행위가 하루빨리 시정되기를 바랍니다.

소수 종교 신자의
간호조무사 될 자유

저는 제칠일안식일 예수재림교 신자입니다. 저는 간호조무사 자격을 따서 병원에서 일하는 것이 꿈입니다. 그런데 간호조무사 국가시험은 항상 토요일에만 시험이 있기 때문에 저는 시험에 응시조차 할 수 없습니다. 왜냐하면 제가 믿는 종교가 금요일 일몰부터 토요일 일몰까지 세속적인 일을 금지하기 때문입니다.

간호조무사 국가시험은 매해 두 번 실시되는데 두 번 다 토요일에 실시하고 있습니다. 이는 저와 같은 종교를 믿는 모든 사람들에게 차별로 느껴집니다. 시험 보는 요일을 바꿔 줄 수는 없을까요?

피진정인 주장

연 2회 실시되는 간호조무사 국가시험은 17개 광역자치시·도 인사채용 부서의 도움을 받아 시행하고 있습니다. 시험업무를 총괄하는 본 시험원은 응시원서 접수, 시험문제 출제, 채점, 합격자 발표, 면허교부 업무를 수행하며, 17개 광역자치시·도는 시험장소 임차, 시험관리인력 동원 업무를 수행하고 있습니다. 따라서 간호조무사 국가시험 일정을 정할 때는 시험장소 확보, 시험관리인력 동원, 기관별 업무여건 등을 고려하여 17개 광역자치 시·도와 합의하여 결정하고 있습니다.

본 시험원은 다년간 시험요일 다양화를 추진했으나 일부 시·도에서 시험장소 확보 및 시행인력 동원의 어려움을 이유로 시험 요일 다양화를 반대하고 있어 추진이 어려운 상황입니다. 간호조무사 국가시험은 매회 2만 명 이상이 응시하는 시험으로 다수의 수험생이 동시에 시험에 응시할 수 있도록 중·고등학교를 임차하여 시행하고 있으며, 학교 수업에 지장이 없는 범위에서 교실을 임차해야 하기 때문에 방학기간이나 공휴일을 이용하여야 하는 실질적인 제한이 있습니다.

또한 시험일을 평일로 정할 경우 직장에 다니면서 시험을 준비하는 수험생이 시험을 위해 결근할 수밖에 없는 문제가 발생할 수 있습니다. 이러한 여러 사항을 고려하여 시험장소의 확보 및 시험감독관 등 시험시행 인력의 안정적 동원을 위해 주 5일제 시행으로 공휴일로 정착되고 있는 토요일을 시험일로 지정하고 있는 것입니다.

위원회의 판단

「국가인권위원회법」제2조 제3호에서는 종교 등을 이유로 이루어지는 특정인에 대한 우대, 배제, 구별하거나 불리하게 대우하는 행위를 "평등권 침해의 차별행위'라고 규정하고 있습니다.

종교를 이유로 한 차별은 어떤 사람이 특정한 종교를 가졌다는 사실을 이유로 한 직접적인 차별과, 일정한 기준이나 정책 또는 결정이 특정한 사람들에게 불리한 효과를 발생시키는 간접적인 차별로 구분할 수 있습니다.

이 사건은 외관상으로는 모든 응시자를 종교와 상관없이 동등하게 대우하여 평등원칙에 부합하게 함으로써 '종교를 이유로 한 차별'로 보이지 않게 하고 있으나 평등은 '상대적·실질적 평등'을 의미하여, 본질적으로 동일한 대상을 같게 대우하는 것뿐만 아니라 본질적으로 다른 것을 다르게 취급하는 것도 포함될 수 있습니다.

따라서 예수재림교 신자가 다른 종교 신자 또는 종교가 없는 사람과는 차이가 있으므로 상대적·실질적으로 평등하게 대우받아야 함에도 불구하고, 피진정인은 예수재림교 신자와 다른 종교 신자 또는 종교가 없는 사람을 차이가 없는 동일한 대상으로 대우하고 있는 셈이므로, 이는 일정한 기준이나 정책 또는 결정이 특정한 종교를 가진 사람들에게 불리한 효과를 발생시키는 간접적인 차별에 해당합니다.

매해 두 번 실시되는 간호조무사 국가시험을 두 번 모두 토요일에 실시하는 피진정인의 행위는, 일정한 정책 또는 결정이 특정한 종교를 가진 사람들에게 불리한 효과를 발생시키는 간접적인 차별에 해당하며 이러한 간접차별도 「국가인권위원회법」에서 금지하는 "평등권 침해의 차별행위"에 해당합니다.

주문

피진정인에게, 연 2회 실시되는 간호조무사 국가시험 요일을 다양화할 것을 권고합니다.

되새겨 보기

위 '위원회의 판단' 내용은 몇 번이고 꼼꼼히 읽어볼 필요가 있습니다. 간접차별이 무엇인지, 상대적 · 실질적 평등의 의미가 무엇인지 잘 설명해주고 있기 때문입니다.

위원회의 이 결정과는 반대로, 헌법재판소는 2010년에 있었던

전원재판부 결정(2010헌마41)을 통해 "사법시험을 토요일 또는 토요일을 포함한 기간에 실시하도록 한 법무부장관의 시험공고 행위는 종교의 자유나 평등권 침해가 아니다"라고 판단한 바 있습니다. 어떤 판단 논리가 달랐을까요?

이 헌법재판소 결정은 "예수재림교 신자인 청구인들은 이 사건 공고로 인하여 일요일에 종교 행사를 갖는 기독교인들에 비하여 불합리한 차별을 받고 있다는 취지로 주장하나, 피청구인이 사법시험 일자를 토요일로 정한 것은 토요일을 안식일로 지키는 특정종교인들을 차별하려는 것이 아니라 토요일이 주5일제의 정착에 따라 일반적인 공휴일로 되어가고 있는 상황에서 보다 많은 수험생들의 응시상의 편의를 도모하기 위한 조치로서 합리적인 이유가 있는 것이라고 할 것이다"라고 판시했습니다.

차별과 인권침해를 다루는 영역에서 변함없이 고정된 정답이란 있을 수 없습니다. 대법원과 헌법재판소의 견해가 다를 수도 있고, 1심 법원과 2심 법원의 의견이 다를 수도 있습니다. 의견이 대립되는 매 사안마다, 양쪽의 입장이 되어 어떤 판단이 좀 더 합리적이고 인권 친화적인지 생각해볼 필요가 있습니다.

이 사건에서는 예수재림교 신자의 종교의 자유도 보장하고, 다른 수험생들과 시험 감독기관의 입장도 충분히 고려한 제3의 대안은 무엇이 있을 수 있는지 곰곰이 생각해보도록 합시다.

장남만
우대하는 회사

저는 ㅇㅇ회사에 다니고 있는 회사원입니다. ㅇㅇ회사는 직원이 장남일 경우에는 부모와 동거하지 않더라도 부모에 대한 가족수당을 지급하면서도, 직원이 차남 이하일 경우에는 반드시 부모와 동거해야만 부모에 대한 가족수당을 지급하여 차남인 저는 가족수당을 받지 못하고 있습니다. 이는 불합리한 차별행위라고 생각합니다.

회사 측 주장

가족수당은 부양가족 1명당 1만 원씩 지급하는 소액 수당으로, 부양에 필요한 실제 비용을 지원하는 것이라기보다는 부양의무를 짊어지고 있는 직원들의 부담을 회사 차원에서도 최소한 분담하겠다는 상징적 의미를 지닙니다. 따라서 가족수당은 기본적으로 부양가족과의 동거를 전제로 합니다.

그러나 과거 가족수당 규정을 만들 때에는 부양에 대한 책임과 부담이 대체로 장남에게 치중되어 있었습니다. 이와 같은 당시 사회분위기를 가족수당 규정에 반영하여 장남에 대해서는 동거여부를 묻지 않고 현재까지 가족수당을 지급해왔습니다.

위원회의 판단

「국가인권위원회법」 제2조 제3호는 합리적인 이유 없이 성별, 가족형태 또는 가족 상황 등을 이유로 고용, 재화 · 용역, 교육시설 영역 등에서 특정한 사람을 우대 · 배제 · 구별하거나 불리하게 대우하는 행위를 평등권 침해의 차별행위로 규정하고 있습니다.

가족수당은 근로자의 생활보조를 위해 지급하는 수당으로, 통상적으로는 동거하는 부양가족의 수에 따라 지급하는 수당입니다. 그러나 피진정인은 부모와 동거하지 않는 직원이라 하더라도 직원이 장남일 경우에는 가족수당을 지급하고 있습니다. 피진정인이 이와 같은 기준으로 가족수당을 지급하는 것은 직계존속의 부양은 장남이 책임져야 한다는 전통적인 가부장제의 고정관념을 반영한 것이라 할 수 있습니다.

사회 변화에 따라 가족의 형태가 다양하게 변화하고 있고 장남이 부모 부양을 책임져야 한다는 인식 또한 크게 낮아졌으며 실제로 부모를 부양하는 실태도 변했기에 가족수당 지급 시 차남, 딸 등의 직원을 달리 대우해야 할 합리적인 이유가 있다고 보기 어렵습니다.

따라서 부모 부양 여부와 상관없이 장남에게만 부모에 대한 가족수당을 지급함으로써 차남, 딸 등의 직원을 불리하게 대우하는

행위는 「국가인권위원회법」 제2조 제3호의 평등권 침해의 차별행위에 해당합니다.

주문

피진정인에게, 부양의무가 있는 직계혈족에 대한 가족수당을 지급함에 있어 출생순서 등 가족 상황을 이유로 불리하게 대우하지 않도록 관련 규정을 개정할 것을 권고합니다.

되새겨 보기

가족수당은 통상적으로 동거하는 부양가족의 수에 따라 지급하는 수당입니다. 그런데 피진정 회사는 합리적인 이유 없이 과거에는 주로 장남들이 부모를 부양했다는 점에 근거하여 직원이 장남일 경우에는 동거 여부를 묻지 않고 가족수당을 지급해왔습니다.

이러한 행위는 합리적 이유 없이 차남, 딸 등의 직원을 불리하게 대우하는 행위로 「국가인권위원회법」 제2조 제3호의 평등권 침해의 차별행위에 해당합니다. 위원회는 ○○회사에게, 가족수당을 지급함에 있어 출생순서 등 가족 상황을 이유로 불리하게 대우하지 않도록 관련 규정을 개정할 것을 권고했습니다.

여기에서 한 가지 생각해볼 점이 있습니다. 이 진정은 피진정 회사 직원 중 '차남으로 태어나고 부모와 동거하지 않는 직원'이 제기했습니다. 만약 회사가 위원회의 권고를 받아들여 규정을 개정하면서, 직원 모두에게 부모와 동거여부를 묻지 않고 가족수당을 주는 것으로 개정한다면 진정인에게 이득이 있습니다.

그러나 만일 회사가 장남인 직원들에게도 부모와 동거해야만 가족수당을 지급하는 것으로 개정한다면 어떻게 될까요? 비록 진정인의 진정을 계기로 위원회가 회사에 권고를 했고, 권고대로 회사가 따랐지만 진정인에게는 아무런 이득이 없어 보입니다. 수당을 받지 못하는 진정인의 상황에는 변함이 없기 때문이죠.

「국가인권위원회법」 제2조 제3호는 합리적인 이유 없이 "특정한 사람을 우대, 배제, 구별하거나 불리하게 대우하는 행위"를 평등권 침해의 차별행위라고 규정함으로써 특정한 사람을 배제하거나 불리하게 대우하는 것뿐만 아니라 특정한 사람을 "우대"하는 것도 차별행위로 규정하고 있습니다. 우대받지 못하는 사람 입장에서는 불리하게 대우받는 것과 다를 바가 없기 때문입니다.

우리 사회의 각종 공적 영역과 사적 영역의 불합리한 관행과 규정들을 합리적으로 만드는 것은, 개인의 유·불리를 떠나서도 매우 중요한 일입니다. 특정한 사람이나 집단을 합리적 이유 없이 우대하는 불합리함이 고쳐지더라도 어차피 내게는 이득이 될 것이 없다고 생각되는 사안이 있을 수 있습니다. 그러나 그러한 사안도 세세히 살펴보면 그렇지 않습니다. 단순히 남들이 잘되는 것이 배가 아파서 시비를 거는 것과 사회의 시스템을 좀 더 합리적으로 바꾸기 위해 문제를 제기하는 것은 다릅니다.

이 사건에서, 만일 회사가 장남들의 가족수당도 동거할 경우에만 지급하기로 개정한다면 동거하지 않는 장남들에게 지급되어 왔던 수당만큼 절약되어 좀 더 합리적인 다른 방면의 복지비용으로 사용될 수 있습니다.

그럼 결과적으로 진정인도 그 다른 복지정책의 혜택을 볼 가능성이 많아집니다. 또한 회사입장에서는 기존에 가족수당을 받아왔던 직원들의 수당감소에 따른 반발과 사기저하를 염려하여, 동거하지 않는 전 직원들에게 모두 부모에 대한 가족수당을 지급하는 방향으로 수당규정을 개정할 여지도 있습니다.

무엇보다도, 합리적 이유 없는 차별행위를 하나하나 고쳐나가는 것은 부조리를 개선하여 상대적 박탈감을 해소하고, 우리 사회를 좀 더 밝고 건강하게 만드는 일입니다. 조그마한 일로 괜한 분란을 일으키는 것은 아닌지 망설이거나 움츠리지 말고, 우리 모두 주변의 불합리한 관행과 제도는 없는지 살펴보아야겠습니다.

성적(性的) 지향,
아직도 이 수준…

저희는 '퀴어[8] 여성 생활체육대회'를 10월에 개최하기로 결정하고 ○○구청에 소속된 ○○공단에 체육관 대관 신청을 해서 신청한 날짜에 사용해도 좋다는 허가를 받았습니다.

그런데 얼마 지나지 않아 공단 쪽에서 전화가 와서 성소수자 행사라서 구청과 공단에 민원이 제기되고 있다며, 미풍양속을 이유로 대관이 취소될 수 있다고 했습니다. 다음 날 다시 전화가 왔는데 저희가 쓰기로 한 날 천장 공사가 예정되어 있었다며, 일방적으로 대관을 취소한다고 통보했습니다.

하필이면 갑자기 저희가 쓰기로 한 날에 천장 공사를 한다는 건 핑계에 지나지 않아 보입니다. 구청과 공단의 이런 행위는 성적 지향을 이유로 한 차별이라고 생각합니다.

구청 측 주장

피진정 구청은 이 사건 체육관의 계약과 공사 진행을 총괄하고 있으며, 공사일정과 구체적인 공사내용 협의는 피진정 공단

---

8) 이성애자를 제외한 모든 성적 소수자를 이르는 말. 원래 '이상한', '비정상적'이라는 의미로 쓰였으나 지금은 성적 소수자를 의미하는 용어로 사용된다.

이 담당하고 있습니다.

이 사건 체육관 대관 허가취소는 공단이 결정한 것으로, 구청은 이러한 결정에 관여하지 않았습니다. 구청은 조례에 따라 피진정 공단의 업무에 대하여 포괄적으로 지도와 감독을 하고 있습니다.

공단 측 주장

피진정 공단이 관리하는 이 사건 체육관 지붕은 태양열 집열판의 파이프 누수로, 비가 오면 체육관 바닥으로 물이 새고, 태양열을 이용하지 못해 가스로 보일러를 가동하는 문제가 있어 천장공사가 필요했습니다.

체육관 대관업무 담당자가 대관 취소 전에 진정인에게 전화하여, 외부 주민이나 단체에서 반대 민원이 많이 들어온다는 이야기를 한 사실은 있습니다. 이는 공사 일정을 모르는 상황에서 이야기한 것일 뿐이며, 이 사건 대관 허가 취소는 민원이 들어온 것 때문이 아니라 공사일정에 따라 취소된 것입니다.

위원회의 판단

대한민국은 「헌법」 제11조 제1항에 "모든 국민은 법 앞에 평등하다. 누구든지 성별, 종교 또는 사회적 신분에 의하여 정치적 · 경제적 · 사회적 · 문화적 생활의 모든 영역에 있어서 차별을 받지 아니한다"고 규정함으로써 차별을 금지하고 있으며, 「국가인권위원회법」 제2조 제3호에 "합리적인 이유 없이 성별, 종교, 장애, 나이, 사회적 신분, 출신지역, 출신국가, 출신민족, 용모 등 신체조건, 기혼 · 미혼 · 별거 · 이혼 · 사별 · 재혼 · 사실혼 등 혼인여부, 임신 또는 출산, 가족 형태 또는 가족 상황, 인종, 피부색, 사상 또는 정치적 의견, 형의 효력이 실효된 전과, 성적 지향, 학력, 병력 등을 이유로" 고용, 재화, 용역, 교통수단, 상업시설, 교육시설의 이용 등에 있어서 특정한 사람을 우대, 배제, 구별하거나 불리하게 대우하는 행위를 "평등권 침해의 차별행위"라고 규정함으로써 사회적 약자 및 소수자를 차별하지 않도록 하고 있습니다.

성소수자에 대한 차별에 관하여 유엔 인권이사회는 3차례 결의안을 채택하여 성소수자에 대한 차별 금지는 세계인권선언과 그 이후에 합의된 국제인권조약에 근거한 국제인권기준임을 환

기시키고, 각 회원국이 국내에서 이러한 차별이 발생하지 않도록 노력해야 함을 강조하고 있으며, 위 결의안에 근거하여 2016. 11. 1. 성적지향과 성별정체성에 관한 독립전문가를 임명하는 등 성소수자를 보호하기 위한 다양한 활동을 하고 있습니다. 대한민국은 위 유엔 인권이사회의 각 결의안에 지지한다는 투표를 함으로써, 성소수자를 차별로부터 보호해야 함을 국제사회에도 밝히고 있습니다.

우리 위원회도 성소수자에 대한 차별과 관련된 과거 결정례에서 국가 또는 지방자치단체에게 성소수자 관련 행사 시설 신청에 대해서 합리적인 이유 없이 불승인하는 일이 없도록 할 것을 권고(2014. 4. 24. 13진정0886700 결정)하는 등 성소수자에 대한 차별을 방지하고 시정하기 위해 노력해왔습니다.

피진정인 ㅇㅇ공단은 진정인에 대한 이 사건 체육관의 대관 허가 이전에 태양열 시설 등 천장공사가 이미 예정되어 있었는데, 담당자 간의 의사소통이 잘되지 않아서 진정인에게 시설 대관을 허가했다가 불가피하게 취소한 것이지, 진정인이 성소수자라는 이유로 취소한 것이 아니라고 주장하며, 피진정인 ㅇㅇ구청이 본건 시설 대관 취소에 관여한 사실은 없다고 주장합니다.

하지만 위원회가 이 사건을 조사한 바에 따르면, 공단 측 공사

업무 담당자의 개인적인 메모 외에는 본건 시설 대관 허가 이전에 천장공사가 결정되었음을 입증할 만한 아무런 자료가 없습니다. 공단 측은 공사결정과 관련하여 공단의 내부 결재 및 구청과의 협의 등에 관한 자료를 제출하지 않았으며, 보수공사 계약서는 허가 취소 날짜 이후로 작성되어 있습니다.

한편 피진정 공단의 체육관 대관업무 담당자는 진정인과의 통화에서 "퀴어 행사에 대한 민원이 발생했다"고 말했으며, 같은 날 공단의 직원 중 한명이 국가인권위원회에 전화하여 "반대 민원이 들어와서 대관을 안 해주려고 한다, 이럴 경우 문제가 되는지 궁금하다"라는 내용으로 상담을 했습니다. 이처럼 피진정 공단 직원들은 이 사건 체육관 대관과 관련하여 민원이 발생한 것에 대한 어려움만을 각각 인권위와 진정인 측에 토로했을 뿐, 공사와 관련한 언급은 전혀 하지 않았습니다. 이런 점에 비추어 과연 본건 시설 대관 허가 이전에 공사가 결정된 것인지 의문입니다.

설사 본건 시설 대관 이전에 보수공사가 결정되었다고 하더라도 이 사건 공사일정은 얼마든지 변경이 가능한 내부적 사항인 반면에, 진정인에 대한 대관 허가는 대관 비용까지 납부받고 결정한 공식적인 허가입니다.

또한 공단은 천장공사를 이유로 진정인의 대관 허가를 취소하는 과정에서, 진정인에게는 연말까지 다른 대관 일정이 있어 조정이 불가능하다고 했으나, 같은 날 오전에 대관을 신청했던 ○○어린이집에는 일정을 조정하여 다시 대관해주겠다고 말했고, 이후 ○○어린이집은 일정을 조정받아 같은 해 11월로 이 사건 체육관에서 행사를 진행했습니다.

한편, 피진정 구청은 본건 시설 대관 취소 건에 대하여 아무런 관련이 없다고 주장하지만, 구청이 본건 시설 대관에 대해 공단 측에 취소를 지시하거나 부정적 의견을 전달하지 않았다고 하더라도 적어도 피진정 공단의 감독기관인 구청으로서는 공단이 본건 시설 대관 취소와 같이 잘못된 행위를 하지 않도록 적절한 조치를 취하지 않은 잘못이 인정됩니다.

성소수자 단체의 행사 개최와 관련하여 지역사회에서 이를 반대하는 민원이 다수 발생할 경우 피진정인들이 이로 인해 적지 않은 부담을 가질 수는 있습니다. 그러나 지자체나 공공기관은 집단 간 견해 차이로 인한 대립과 갈등이 발생할 경우 이를 해결하는 과정에 사회적 소수자가 불합리한 차별이나 억압을 받지 않도록 보호하고 소수자에 대한 불합리한 편견과 혐오를 불식시키기 위해 노력하여야 할 의무가 있습니다. 그럼에도 피진정 구

청과 공단은 오히려 공사 일정을 조정하는 방식으로 진정인의 체육관 대관을 취소했고, 이후 다른 날짜로 대관일을 조정해주지도 않았습니다.

따라서 피진정인들이 이 사건 체육관 천장공사를 이유로 진정인에게 이 사건 체육관의 대관 허가를 취소하고, 다른 날짜로 일정을 조정해주지 아니한 행위는 합리적인 이유 없이 성적 지향을 이유로 진정인을 불리하게 대우한 것으로 「국가인권위원회법」 제2조 제3호가 규정한 차별행위에 해당합니다.

주문

1. 피진정인 ○○구청과 ○○공단에게, 시설 대관과 관련하여 성소수자들에 대한 차별사례가 발생하지 않도록 재발방지 대책을 마련할 것을 권고합니다.

2. 피진정인 ○○공단에게, 소속 직원들을 대상으로 성소수자에 대한 인식 개선, 인권 감수성 향상을 위한 특별 인권교육을 실시할 것을 권고합니다.

되새겨 보기

이 사건의 피진정인 구청과 공단은 우연히 진정인이 예약한 대관일과 해당 체육관의 천장공사 날짜가 겹쳐서 대관을 취소한 것일 뿐 성적 지향을 이유로 차별한 것은 아니라고 주장합니다. 그러나 위원회의 판단을 보면 앞뒤의 모든 정황이 주민들의 민원 때문에 피진정인들이 대관을 취소했다는 점이 명백합니다.

지방자치단체인 ○○구청과 그 소속 시설관리공단마저 이와 같은 차별행위를 스스럼없이 행하는 것을 보면, 우리나라의 성소수자에 대한 차별적인 태도가 얼마나 문제의식 없이 만연해 있는지 알 수 있습니다.

물론 위원회 결정문에서도 언급된 것처럼, 성소수자 단체의 행사 개최와 관련하여 다수의 민원이 발생하여 피진정인들로서도 감당하기 힘든 부분이 어느 정도 있었을 것입니다. 하지만 무엇에 관한 문제이든지 민원이 발생하기만 하면 무조건 취소하고 피하기만 할 것인가요? 그것은 절대 사회의 법질서를 유지하고 지켜나가는 공공기관의 태도가 아닙니다.

국가기관이나 지방자치단체는 사회 각계각층의 다양한 이해관계와 의견충돌을 조정하고 갈등을 해결할 의무가 있습니다. 그리고 그 해결의 기준은 「헌법」과 국회에서 정한 법률 및 「헌법」에 의하여 체결, 공포된 조약과 일반적으로 승인된 국제법규입니다. 「헌법」 및 「국가인권위원회법」, 국제법규 등은 위원회의 판단에서 본 바와 같고 그 밖에도 「생활체육진흥법」 제3조(국민의 생활체육 권리) 제1항은 "모든 국민은 건강한 신체활동과 건전한 여가 선용을 위하여 생활체육을 즐길 권리를 가진다"라고 규정하고 있고 제2항은 "모든 국민은 생활체육에 관하여 어떠한 차별도 받지 아니하고 평등하게 누릴 수 있어야 한다"라고, 제3항은 "국가 및 지방자치단체는 국민의 생활체육권 보장을 위하여 노력할 의무를 진다"라고 규정하여 진정인의 권리와 피진정인들의 의무를 명확하게 밝히고 있습니다.

이 사건에서 피진정인들은 민원 발생이 무섭다는 이유로 뒤로 숨고, 회피하기 위해 대관을 취소할 것이 아니라, 진정인의 정당한 권리를 보호하기 위해 민원을 제기한 상대방의 민원을 기각하고 법을 지키도록 상대를 설득했어야 옳았습니다.

한편, 이 진정사건과는 다른 맥락이지만, 간혹 국민들의 기본권 또는 인권의 충돌이 문제가 되기도 합니다. 예를 들면, 자기 집에서 낮 시간에 피아노를 연주하는 A라는 사람의 '예술의 자유'와 조용한 주거환경을 갖고 싶은 B라는 사람의 '평온한 주거권'이 서로 대립할 수 있고, 사실을 사실대로 보도한 언론사의 '언론의 자유'와 보도된 내용으로 명예가 실추된 당사자의 '인격권'이 충돌할 수도 있습니다.

헌법재판소는 이와 같은 기본권 충돌 문제를 ① 상위 기본권 우선의 원칙 ② 법익 형량의 원칙 ③ 규범 조화적 해석원칙 등을 통해 해결하고 있습니다. 그렇다면 이 진정사건도 이와 같은 기본권 충돌의 문제일까요? 전혀 그렇지 않습니다!

기본권이 충돌하는 문제로 보기 위해서는 양쪽이 주장하는 권리 모두가 「헌법」과 법률에 의해 보호되고 인정되는 기본권이어야 합니다. 만약 한쪽 당사자가 주장하는 권리가 기본권의 범위에 해당하지 않을 때는 기본권 충돌이 아닙니다. 왜냐하면 일방의 주장이 주장 그 자체로 보더라도 기본권 주장이 아닌 그저 억지스러운 편견에 불과하기 때문입니다. 이러한 경우를 유사충돌이라고 합니다.

이 사건에서 대관을 반대하는 민원인들이 피진정 구청이나 공단에 수많은 민원을 제기하며 행사를 개최하지 못하도록 방해하는 것은 합당한 그들의 기본권을 주장하는 것일까요? 아니면 편협한 생각에서 비롯된 자신들의 혐오감정을 발산하는 것일 뿐일까요?

이 사건의 진정인과 모임회원들은 결국 개최하고자 했던 체육대회 행사를 진행하지 못했습니다. 또한 공공기관에게조차 성적지향을 이유로 차별대우를 받음으로써 다시 한 번 사회의 거대한 장벽을 느끼고 좌절하게 되는 막대한 정신적 피해를 보았습니다. 결국 2020년 초 진정인 측은 피진정인들을 대상으로 손해배상 청구소송을 제기했습니다.

위 손해배상 청구소송에 대해 2022년 5월 서울서부지방법원은 "합리적 이유 없이 성적 지향 등을 이유로 특정인을 배제하는 행위는 헌법상 평등 원칙에 반해 위법하다. 구청과 공단은 퀴어여성네트워크에 500만 원, 활동가 4명에게 각 100만 원씩 총 900만 원을 지급하라"고 판결했습니다.

임신과 출산을 장려하지만
현실은?

저는 경기도 ○○시에 위치한 ○○고등학교
에서 초빙교사를 공모한다고 해서 지원했습
니다. 그런데 이 학교의 교장선생님과 교감
선생님이 학교운영위원회를 열어 지원자들
을 심사하는 과정에서 '임신과 출산의 가능
성이 크다'는 이유로 저를 임용후보자 추천
에서 탈락시켰습니다. 이는 합리적인 이유
없는 차별행위라 생각합니다.

학교 측 주장

　교사 초빙 대상자 심사를 위해 개최한 학교운영위원회에서 지
원자들이 초빙기간 4년 동안 업무공백 없이 근무할 수 있는지에
대해 논의하던 중 피진정인 2(교감)가 지원자 4명의 신상에 대해
설명할 때 진정인의 경우 '결혼 2년차이며, 아이가 없다'는 취지

의 말을 한 것은 사실입니다.

그러나 그 후 초빙교사 지원자들에 대한 충분한 의견제시와 토의가 있었고 공정성을 기하고자 심의 대상자 4명에 대하여 무기명 투표를 실시한 결과, 진정인은 찬성 4표, 반대 5표로 부결되었고 나머지 남교사 1명, 여교사 2명(미혼, 기혼 각 1명)은 초빙교사 대상으로 결정되었습니다. 따라서 임신 및 출산 가능성만으로 차별행위를 한 것은 아닙니다.

위원회의 판단

피진정인들은 학교운영위원회 심의과정에서 초빙교사 지원자들의 휴직 가능성에 대한 논의가 있었을 뿐 학교운영위원회에서 무기명 투표로 결정했기 때문에 임신, 출산을 이유로 진정인을 탈락시킨 것은 아니라고 주장하고 있습니다.

그러나 피진정인 2(교감)는 당시 운영위원회에서 안건 설명을 하면서 진정인이 임신가능성이 높다는 판단하에 진정인에 한해서만 초빙요건과는 상관이 없는 진정인의 결혼연차 및 아이가 없는 점 등 개인 신상에 대한 정보를 제공했습니다.

위 회의에서 피진정인 2(교감)의 진정인에 대한 결혼 및 임신 가능성 등에 관한 발언 이후 참석자들 사이에 "기혼인데 임신 전인 교사가 있으면 학기 중에 담임이 바뀌거나 기간제교사로 대체될 가능성이 높을 것 같다", "그런 문제 제기는 여성에 대한 차별로 여겨질 수 있다"는 등의 논란이 벌어졌고, 이에 학교운영위원회 위원장은 "위원님들의 의견 차이도 있고, 각자의 의견이 있으신 것 같으니 심의 건에 대해 무기명 투표로 결정하자"고 제안했고 진정인을 포함한 지원자 4명에 대한 투표를 실시한 결과, 진정인에 대해서만 초빙반대 표가 과반수를 넘어 초빙교사 임용

후보 추천을 받지 못했습니다.

피진정인 2(교감)의 이와 같은 발언은 지원자들에 대한 특별한 정보를 가지고 있지 않은 학교운영위원회의 일부 위원들에게는 진정인에 대한 선발여부 판단에 관한 중요한 정보로 인식되었을 것으로 보이며, 피진정인 2의 위와 같은 발언과 그 논란을 지켜본 피진정인 1(교장)은 진정인의 임신가능성이 학교운영위원들의 판단에 영향을 미치지 않도록 해야 했음에도 특별한 조치 없이 이를 방관했습니다.

피진정인 1, 2의 이러한 행위는 초빙교사 임용추천여부를 결정하는 과정에서 불합리하게 임신 또는 출산 가능성을 이유로 진정인을 불리하게 대우한 것으로서, 결국 「국가인권위원회법」 제2조 제3호가 규정하는 임신 또는 출산을 이유로 한 고용상의 차별행위에 해당하는 것으로 판단됩니다.

주문

경기도 교육감에게, 유사한 차별행위의 재발방지를 위하여 피진정인들에 대하여 경고조치하고, 재발방지대책을 마련하여 시행할 것을 권고합니다.

정부와 각 지방자치단체가 저출산 문제를 해결하기 위해 매년 막대한 예산을 쏟아붓지만 출산율은 오를 기미조차 보이지 않습 니다. 이유가 무엇일까요? 아직도 도처에 만연한 성차별과, 여성 근로자가 직장생활과 임신, 출산, 육아를 모두 성공적으로 수행 할 수 있도록 만들어주는 제도와 인식이 부족하기 때문일 것입 니다.

국가인권위원회가 2018년 9~10월 중소 사업장(상시근로자 100인 이하) 30~44세 노동자 중 임신, 출산 경험이 있는 800명(여 성 480명, 남성 320명)을 대상으로 조사한 바에 따르면, 전체 응답 자의 68.6%는 '출산휴가나 배우자 출산휴가 사용 시 차별을 받는 다'고 답했고, 육아휴직을 활용해본 남녀 노동자도 19.9%에 불과 했습니다. 설문에 응답한 어떤 여성 노동자는 "결혼하고 아이 갖 기 전에 면접을 10번 넘게 봤는데 갈 때마다 임신 계획을 물어봤 다"고 답하기도 했습니다.

2016년 12월 대한변호사협회의 어느 변호사가 조사하고 발표 한 '2016년 여성 변호사 채용 및 근무실태 조사결과'에 따르면 여성 변호사들은 취업에서의 진입장벽과 진급이나 승진단계에서의 차별이 분명히 존재한다고 생각하는 것으로 나타났습니다. '취업에서 남성 변호사에 비해 불리하다고 생각하는가?'에 대해 응답자의 51.3%(362명)가 '그렇다', 35.3%(249명)가 '매우 그렇다'고 답했습니다. 조사대상자 710명 중 절대 다수인 86.5%(611명)가 불리함을 호소하고 있었습니다. 이유를 묻는 질문(복수응답)에는 '결혼, 임신, 출산, 육아 등'을 꼽은 응답자가 50.8%(550명)로 가장 많았고 '고용주의 선입견'이 37.7%(408명)로 뒤를 이었습니다. '고객이나 동료와의 관계'는 9.6%(104명), '업무능력의 차이'를 꼽은 변호사는 0.8%(9명)에 불과했습니다.

우리 사회에서 취업 시 가장 차별을 받지 않을 것 같은 변호사들조차도 성차별의 장벽을 피해갈 수는 없었고, 성차별의 이유를 묻는 질문에서는 가장 많은 비율의 응답자가 '결혼, 임신, 출산, 육아'를 꼽았습니다. 이런 실정이다 보니 우리나라는 합계출산율이 2018년 0.98명에 이어, 2019년 0.92명으로 2년 연속으로 경제협력개발기구(OECD) 회원국 중에서 출산율 꼴찌를 기록하고 있는 것입니다. 한국은 OECD 회원국 중 유일하게 '출산율 0명대 국가'입니다.

이 사건의 피진정인들은 아마도 우리나라 출산율이 증가하는 것은 찬성이지만, 그 임신이나 출산의 염려가 있는 여성이 내 직장에는 없기를 바랄 것이고, 내 동료나 부하직원은 아니기를 바라는 마음이 클 것입니다. 잠깐 동안의 업무량 증가와 자리의 공백을 견디기 싫은 이기심인 것입니다.

정작 직장 동료와 부하의 임신과 출산에 대해서는 위와 같이 인색한 사람들조차 '나라의 미래와 후손을 위해 약간의 세금을 더 내고 그 세금을 출산장려금으로 쓰는 것쯤은 참을 수 있다, 그러니 나는 우리나라의 출산율 증가에 기여하고 있는 것이다'라는 착각 속에 사는 경우가 많습니다.

이렇게 미시적인 시각으로 임신과 출산을 바라본다면 결코 현재의 출산율 저하가 멈추지 않을 것입니다.

외모 중시하는
나라

저는 공군학사장교로 병역을 마치기 위해서 시험에 응시했습니다. 노력한 보람이 있어서인지 1차, 2차 시험에 무사히 합격했습니다. 그런데 진주에 있는 공군교육사령부 장교교육대대에 입소한 후 실시된 3차 시험 입영신체검사에서 얼굴과 목 부위에 표피모반이 있다는 이유로 퇴소 처분을 당하고 말았습니다. 이는 용모를 이유로 한 차별로 부당하다고 생각합니다.

공군교육사령관 주장

입소 후 진행된 입영신체검사에서 피해자의 턱, 좌측 볼, 좌측 목과 가슴, 어깨 일부, 좌측 팔 등에서 사마귀 모양 표피모반으로 의심되는 병변이 광범위하게 관찰되었습니다.

이는 "공군규정 18-4. 「일반신체검사」 별표2. 신체 각 과별요소 평가기준표 제109. 피부 종양 가. 양성 ⑵ 추형"에 해당하여 장교선발 4급으로 불합격 처리되었습니다.

사마귀 모양 표피모반은 신체기능 이상을 유발하지는 않을 것이나, 피해자의 표피모반이 얼굴과 목 등에 광범위하게 발생하여 옷을 입어도 외부로 많이 노출됨에 따라 '추형'에 해당한다고 판단하여 신체등위 4급이 적용되었습니다.

공군참모총장 주장

공군규정 18-4. 「일반신체검사」의 '추형'은 기능적 이상은 없으나 통상적인 용모와 다른 점으로 인해 위화감이 생성될 수 있음을 뜻하며, 위화감 생성 가능성으로 인해 부하들을 지휘하거나 관리하는 장교업무에 제한이 있을 것으로 판단됩니다.

위원회의 판단

「국가인권위원회법」 제2조 제3호는 합리적 이유 없이 용모 등 신체조건을 이유로 모집과 관련하여 특정한 사람을 우대, 배제, 구별하거나 불리하게 대우하는 것을 '평등권 침해의 차별행위'로 규정하고 있습니다.

피진정인들의 주장은 용모에 관한 잘못된 사회적 편견과 고정관념에 기초한 것이며, 용모가 타인과 다르다는 이유만으로 장교 선발에서 배제한 것은 합리성을 인정하기 힘들다고 판단됩니다. 따라서 피진정인들이 공군학사장교를 선발함에 있어, 기능적 이상이 없는 데도 불구하고 피해자의 표피모반을 이유로 장교 선발에서 배제한 것은 「국가인권위원회법」 제2조 제3호에서 규정하고 있는 합리적 사유가 없는 차별행위에 해당합니다.

주문

1. 공군참모총장에게, 공군학사장교 선발 시 지원자의 용모를 이유로 불합격 처리하는 일이 발생하지 않도록 공군규정 18-4. 「일반신체검사」를 개정할 것을 권고합니다.
2. 국방부장관에게, 군 장교 등 선발 과정에서 용모와 신체조건을 이유로 배제하는 일이 없도록 육군규정 161 「건강관리」와 해군규정 제1926호 「건강관리」를 개정할 것을 권고합니다.

되새겨 보기

위원회는 이 사건 외에도 여러 건의 진정 사건에서 외모를 이유로 차별하지 말라는 권고를 해오고 있습니다. 차별 사유는 키가 작다거나, 대머리, 문신이나 점, 내반슬(O자 형태 다리) 등 여러 가지입니다.

언제부터 유행하게 된 말인지 정확하진 않지만, 우리나라를 지칭하는 자조 섞인 말 중 하나는 바로 '성형 공화국'이라는 말입니다. 외모지상주의 영향으로 무분별한 성형수술이 많이 시행되는 우리나라의 현재 상황을 풍자하는 말입니다. 원래 성형수술은 신체적으로 문제가 있을 경우 '치료'를 목적으로 진행하는 수술이지만, 현재는 그 의미가 완전히 바뀌었습니다. 오직 아름다움을 추구하고, 외모를 가꾸기 위해 성형수술을 합니다.

자랑스러워해야 할 일인지는 모르겠지만, 그 덕분에 우리나라 의료진의 성형수술 실력은 해외에서도 인정받아 외국인들이 성형수술을 위한 의료관광을 오기도 합니다.

이런 외모지상주의가 급속히 퍼지게 된 원인은 무엇일까요? 여러 가지 원인이 있겠지만 그중 하나는 공군참모총장의 말에서 힌트를 얻을 수 있을 듯합니다.

공군참모총장은 위원회 조사과정에서 "「일반신체검사」의 '추형'은 기능적 이상은 없으나 통상적인 용모와 다른 점으로 인해 위화감이 생성될 수 있음을 뜻하며, 위화감 생성 가능성으로 인해 지휘, 관리하는 장교업무에 제한이 있을 것으로 판단된다"는 입장을 내놓았습니다.

국립국어원의 표준국어대사전에 따르면 '위화감'이란 '조화되지 아니하는 어설픈 느낌'이라고 되어 있습니다. 우리 국민들은 단일민족이어서 그런지 이 '위화감'이라는 느낌, 즉 남들과 조화되지 아니하는 어설픈 느낌을 몹시도 힘들어 합니다. 한때 중·고등학생들 모두 너 나 할 것 없이 입었던, ○○브랜드 다운재킷의 유행도 마냥 그 옷이 좋아서 입었다기보다는 입지 않음으로 인해 두드러지는 것이 싫어서였을 수 있습니다.

그러나 위화감 즉, 조화되지 아니하는 어설픈 느낌은 그 사람과 자주 접하다 보면 시일이 지남과 동시에 자연스럽게 엷어지고 없어지는 감정입니다. 처음 만나 며칠 동안, 혹은 길어봤자 몇 주까지의 기간 동안 잠시 느껴지는 낯선 느낌일 뿐입니다. 이 위화감이 싫다는 이유로 자꾸 누군가를 구석으로 밀쳐내고 외면하여 계속 차별한다면, 분명 언젠가는 자신마저도 어느 특정한 부분이 다른 사람들과 조화되지 않는다며 배척당하는 날이 오고야 말 것입니다.

우리 모두 처음 보는 타인들의 다소 낯설고 어설픈 모습과 그 느낌을 인내하고 견뎌봅시다. 첫인상으로 가려졌던 그 사람의 장점들이 시간이 갈수록 점점 드러날 것입니다.

행동했기에
바꿀 수 있었다

"권리는 그것을 지킬 용기가 있는 자에게만 주어진다."

-로저 볼드윈-

2001년 11월에 국가인권위원회가 출범한 이후 2020년까지 약 8,300건 이상의 진정사건이 권리구제를 받았습니다. 이 책의 본문 제2장~제4장에서 다룬 진정사건은 위원회가 결정한 수많은 권고 사건들 중 일부에 지나지 않습니다. 많은 사례 중에서 학창 시절을 보내고 있는 청소년들이 한 번쯤 읽고 생각해볼 필요가 있는 사건 위주로 골랐습니다.

이들 사건 중 다수는 당사자인 청소년들이 직접 진정을 한 사건이었고, 사건들 중 일부는 해당 학생의 학부모나 지인, 관련 단체에서 진정한 경우도 있었습니다.

어떤 사건은 위원회가 시정을 권고한 즉시 차별이나 인권침해가 시정되기도 했고, 어떤 사건은 몇 개월이 흐른 뒤에야 절차를 밟아 개선되기도 했습니다. 일부는 몇 년이 지난 지금까지도 권고가 받아들여지지 않은 사건도 있습니다.

그러나 한 가지 분명한 것이 있습니다. 바로 불공정하고 비합리적인 상황을 인식한 다음에는, 직접 작은 움직임이더라도 개선을 위해 행동한 경우에만 차별이나 인권침해가 더 쉽게, 더 빨리 사라진다는 것입니다.

「국가인권위원회법」 제2조 제3호는 평등권 침해의 차별행위에 대해 정의하면서, 성별, 종교, 장애 등등의 차별사유를 이유로 특정한 사람을 우대·배제·구별하거나 불리하게 대우하는 행위를 평등권 침해의 차별행위라고 정의하고 있습니다. 여기에서 '구별'의 의미에 대해 생각해볼 필요가 있습니다. 차별이라는 말은 단어 자체에 옳지 않은 행위라는 가치평가가 들어가 있습니다.

그런데 '구별'은 어떤가요? 얼핏 읽으면 가치중립적인 말로 보입니다. 남성과 여성을 차별하지는 않고 구별만 한다면? 내국인과 외국인도, 남한에서 태어난 사람과 북한에서 탈북한 사람도 전혀 차별하지 않고, 그저 주민등록번호 뒷자리 처음 숫자만 구별해놓는 것은 어떨까요? 차별하기 위해서가 아니라 그저 편의를 위해서 말입니다.

우리는 알아야 합니다. 모든 차별은 그 시초가 구별부터 시작한다는 것을요……. 모든 불합리한 차별의 발단은 대부분 불필요한 분별이나 분리에서 비롯됩니다.

물론 그중 일부는 구별로 시작해서 끝까지 선량한 구별로 끝나는 것이 있기도 하지만, 대부분의 구별은 차별로 변질되기가 쉽다는 것을 잊지 말아야 합니다. 그래서 「국가인권위원회법」은 우대, 배제 이외에도 가치중립적인 '구별'이라는 용어를 굳이 쓰고 있는 듯합니다.

우리는 모두, 타인들로부터 차별 대우를 받을 수 있는 사유 한두 가지쯤은 갖고 살아갑니다. 어떤 사람은 차별 대우를 받는 사유가 세 가지 이상이 되어 더 많이, 더 자주 차별 받고 인권을 침해당하며 살 것입니다. 그 사유가 선천적인 것이든, 후천적인 것이든.

그런데 재미있는 것은 차별을 하는 자와 당하는 자, 또는 강자와 약자라는 위치는 고정적이지 않다는 것입니다. 예를 들면, 육체적으로 강자에 속한 사람도 경제적으로는 약자에 속할 수 있고, 우리나라에서 한민족이라는 '다수'로 태어난 사람도 힌두교 신자일 경우 종교 영역에서는 '소수'에 해당되어 다수로부터 차별당하거나 권리를 침해 받을 수 있습니다.

그렇기 때문에, 우리는 누구나 어느 영역에서인가는 의도치 않게 약자나 소수자가 되어 크거나 작은 불합리한 일을 겪을 수 있는 것입니다.

이렇게 고정적이지 않고 변하는 것이 차별과 인권침해의 기준이기 때문에 우리는 이것을 아주 긍정적으로 활용할 수도 있습니다. 내 주변에 누군가가 차별이나 인권침해를 당하고 있을 때 우리는 역지사지를 해볼 수 있습니다. 내 자신이 갖고 있는 차별 사유로 인해 남들로부터 차별 당했던 경험과 느낌을 떠올려보는 것입니다. 억울하고, 답답하고, 화나고, 주눅이 들었던 상황, 기분, 그때 내 옆에 친구가 보여줬으면 했었던 말이나 행동은 무엇이었는지를 말입니다. 그 느낌과 기억 그대로를 내 친구에게 해주면 됩니다.

이 책의 제목은 "내 인권 친구 인권"입니다. 우리 모두가 차별

과 인권침해를 당했을 때의 느낌은 똑같습니다. 내 인권처럼 옆
사람 인권도 살피고 챙겨준다면 세상의 차별과 인권침해는 점점
줄어들 것입니다. 우리 모두의 인권은 하나로 연결되어 있습니다.

대한민국헌법

제 정 1948. 7. 17. 헌법 제 1호
개 정 1952. 7. 7. 헌법 제 2호
1954. 11. 29. 헌법 제 3호
1960. 6. 15. 헌법 제 4호
1960. 11. 29. 헌법 제 5호
전문개정 1962. 12. 26. 헌법 제 6호
1969. 10. 21. 헌법 제 7호
전문개정 1972. 12. 27. 헌법 제 8호
전문개정 1980. 10. 27. 헌법 제 9호
전문개정 1987. 10. 29. 헌법 제10호

전 문

유구한 역사와 전통에 빛나는 우리 대한국민은 3·1운동으로 건립된 대한
민국임시정부의 법통과 불의에 항거한 4·19민주이념을 계승하고, 조국의
민주개혁과 평화적 통일의 사명에 입각하여 정의·인도와 동포애로써 민
족의 단결을 공고히 하고, 모든 사회적 폐습과 불의를 타파하며, 자율과 조
화를 바탕으로 자유민주적 기본질서를 더욱 확고히 하여 정치·경제·사
회·문화의 모든 영역에 있어서 각인의 기회를 균등히 하고, 능력을 최고
도로 발휘하게 하며, 자유와 권리에 따르는 책임과 의무를 완수하게 하여,
안으로는 국민생활의 균등한 향상을 기하고 밖으로는 항구적인 세계평화

와 인류공영에 이바지함으로써 우리들과 우리들의 자손의 안전과 자유와 행복을 영원히 확보할 것을 다짐하면서 1948년 7월 12일에 제정되고 8차에 걸쳐 개정된 헌법을 이제 국회의 의결을 거쳐 국민투표에 의하여 개정한다.

제1장 총강

제1조(국호 · 정체 · 국체 · 주권) ① 대한민국은 민주공화국이다.

② 대한민국의 주권은 국민에게 있고, 모든 권력은 국민으로부터 나온다.

제2조(국민의 요건, 재외국민의 보호) ① 대한민국의 국민이 되는 요건은 법률로 정한다.

② 국가는 법률이 정하는 바에 의하여 재외국민을 보호할 의무를 진다.

제3조(영토) 대한민국의 영토는 한반도와 그 부속도서로 한다.

제4조(평화통일정책) 대한민국은 통일을 지향하며, 자유민주적 기본질서에 입각한 평화적 통일 정책을 수립하고 이를 추진한다.

제5조(침략적 전쟁의 부인, 국군의 사명과 정치적 중립성) ① 대한민국은 국제평화의 유지에 노력하고 침략적 전쟁을 부인한다.

② 국군은 국가의 안전보장과 국토방위의 신성한 의무를 수행함을 사명으로 하며, 그 정치적 중립성은 준수된다.

제6조(조약과 국제법규의 효력, 외국인의 법적지위) ① 헌법에 의하여 체결 · 공포된 조약과 일반적으로 승인된 국제법규는 국내법과 같은 효력을 가진다.

② 외국인은 국제법과 조약이 정하는 바에 의하여 그 지위가 보장된다.

제7조(공무원의 지위 · 책임 · 신분 · 정치적 중립성) ① 공무원은 국민전체에 대한 봉사자이며, 국민에 대하여 책임을 진다.

② 공무원의 신분과 정치적 중립성은 법률이 정하는 바에 의하여 보장된다.

제8조(정당) ① 정당의 설립은 자유이며, 복수정당제는 보장된다.

② 정당은 그 목적·조직과 활동이 민주적이어야 하며, 국민의 정치적 의사형성에 참여하는데 필요한 조직을 가져야 한다.

③ 정당은 법률이 정하는 바에 의하여 국가의 보호를 받으며, 국가는 법률이 정하는 바에 의하여 정당운영에 필요한 자금을 보조할 수 있다.

④ 정당의 목적이나 활동이 민주적 기본질서에 위배될 때에는 정부는 헌법재판소에 그 해산을 제소할 수 있고, 정당은 헌법재판소의 심판에 의하여 해산된다.

제9조(전통문화의 계승·발전·민족문화의 창달) 국가는 전통문화의 계승·발전과 민족문화의 창달에 노력하여야 한다.

제2장 국민의 권리와 의무

제10조(인간의 존엄성과 기본적 인권의 보장) 모든 국민은 인간으로서의 존엄과 가치를 가지며, 행복을 추구할 권리를 가진다. 국가는 개인이 가지는 불가침의 기본적 인권을 확인하고 이를 보장할 의무를 진다.

제11조(평등권, 특수계급제도의 부인, 영전의 효력) ① 모든 국민은 법 앞에 평등하다. 누구든지 성별·종교 또는 사회적 신분에 의하여 정치적·경제적·사회적·문화적 생활의 모든 영역에 있어서 차별을 받지 아니한다.

② 사회적 특수계급의 제도는 인정되지 아니하며, 어떠한 형태로도 이를 창설할 수 없다.

③ 훈장등의 영전은 이를 받은 자에게만 효력이 있고, 어떠한 특권도 이에 따르지 아니한다.

제12조(신체의 자유, 자백의 증거능력) ① 모든 국민은 신체의 자유를 가진다. 누구든지 법률에 의하지 아니하고는 체포·구속·압수·수색 또는 심문을 받지 아니하며, 법률과 적법한 절차에 의하지 아니하고는 처벌·보안처분

또는 강제노역을 받지 아니한다.

② 모든 국민은 고문을 받지 아니하며, 형사상 자기에게 불리한 진술을 강요당하지 아니한다.

③ 체포 · 구속 · 압수 또는 수색을 할 때에는 적법한 절차에 따라 검사의 신청에 의하여 법관이 발부한 영장을 제시하여야 한다. 다만, 현행범인인 경우와 장기 3년 이상의 형에 해당하는 죄를 범하고 도피 또는 증거인멸의 염려가 있을 때에는 사후에 영장을 청구할 수 있다.

④ 누구든지 체포 또는 구속을 당한 때에는 즉시 변호인의 조력을 받을 권리를 가진다. 다만, 형사피고인이 스스로 변호인을 구할 수 없을 때에는 법률이 정하는 바에 의하여 국가가 변호인을 붙인다.

⑤ 누구든지 체포 또는 구속의 이유와 변호인의 조력을 받을 권리가 있음을 고지받지 아니하고는 체포 또는 구속을 당하지 아니한다. 체포 또는 구속을 당한 자의 가족 등 법률이 정하는 자에게는 그 이유와 일시 · 장소가 지체없이 통지되어야 한다.

⑥ 누구든지 체포 또는 구속을 당한 때에는 적부의 심사를 법원에 청구할 권리를 가진다.

⑦ 피고인의 자백이 고문 · 폭행 · 협박 · 구속의 부당한 장기화 또는 기망 기타의 방법에 의하여 자의로 진술된 것이 아니라고 인정될 때 또는 정식재판에 있어서 피고인의 자백이 그에게 불리한 유일한 증거일 때에는 이를 유죄의 증거로 삼거나 이를 이유로 처벌할 수 없다.

제13조(형벌불소급 · 일사부재리, 소급입법의 금지, 연좌제금지) ① 모든 국민은 행위시의 법률에 의하여 범죄를 구성하지 아니하는 행위로 소추되지 아니하며, 동일한 범죄에 대하여 거듭 처벌받지 아니한다.

② 모든 국민은 소급입법에 의하여 참정권의 제한을 받거나 재산권을 박

탈당하지 아니한다.

　③ 모든 국민은 자기의 행위가 아닌 친족의 행위로 인하여 불이익한 처우를 받지 아니한다.

제14조(거주 · 이전의 자유) 모든 국민은 거주 · 이전의 자유를 가진다.

제15조(직업선택의 자유) 모든 국민은 직업선택의 자유를 가진다.

제16조(주거의 자유) 모든 국민은 주거의 자유를 침해받지 아니한다. 주거에 대한 압수나 수색을 할 때에는 검사의 신청에 의하여 법관이 발부한 영장을 제시하여야 한다.

제17조(사생활의 비밀과 자유) 모든 국민은 사생활의 비밀과 자유를 침해받지 아니한다.

제18조(통신의 자유) 모든 국민은 통신의 비밀을 침해받지 아니한다.

제19조(양심의 자유) 모든 국민은 양심의 자유를 가진다.

제20조(종교의 자유) ① 모든 국민은 종교의 자유를 가진다.

　② 국교는 인정되지 아니하며, 종교와 정치는 분리된다.

제21조(언론 · 출판 · 집회 · 결사의 자유) ① 모든 국민은 언론 · 출판의 자유와 집회 · 결사의 자유를 가진다.

　② 언론 · 출판에 대한 허가나 검열과 집회 · 결사에 대한 허가는 인정되지 아니한다.

　③ 통신 · 방송의 시설기준과 신문의 기능을 보장하기 위하여 필요한 사항은 법률로 정한다.

　④ 언론 · 출판은 타인의 명예나 권리 또는 공중도덕이나 사회윤리를 침해하여서는 아니된다. 언론 · 출판이 타인의 명예나 권리를 침해한 때에는 피해자는 이에 대한 피해의 배상을 청구할 수 있다.

제22조(학문 · 예술의 자유, 저작권등의 보호) ① 모든 국민은 학문과 예술의

자유를 가진다.

② 저작자·발명가·과학기술자와 예술가의 권리는 법률로써 보호한다.

제23조(재산권의 보장과 제한) ① 모든 국민의 재산권은 보장된다. 그 내용과 한계는 법률로 정한다.

② 재산권의 행사는 공공복리에 적합하도록 하여야 한다.

③ 공공필요에 의한 재산권의 수용·사용 또는 제한 및 그에 대한 보상은 법률로써 하되, 정당한 보상을 지급하여야 한다.

제24조(선거권) 모든 국민은 법률이 정하는 바에 의하여 선거권을 가진다.

제25조(공무담임권) 모든 국민은 법률이 정하는 바에 의하여 공무담임권을 가진다.

제26조(청원권) ① 모든 국민은 법률이 정하는 바에 의하여 국가기관에 문서로 청원할 권리를 가진다.

② 국가는 청원에 대하여 심사할 의무를 진다.

제27조(재판을 받을 권리, 형사피고인의 무죄추정, 진술권) ① 모든 국민은 헌법과 법률이 정한 법관에 의하여 법률에 의한 재판을 받을 권리를 가진다.

② 군인 또는 군무원이 아닌 국민은 대한민국의 영역안에서는 중대한 군사상 기밀·초병·초소·유독음식물공급·포로·군용물에 관한 죄중 법률이 정한 경우와 비상계엄이 선포된 경우를 제외하고는 군사법원의 재판을 받지 아니한다.

③ 모든 국민은 신속한 재판을 받을 권리를 가진다. 형사피고인은 상당한 이유가 없는 한 지체없이 공개재판을 받을 권리를 가진다.

④ 형사피고인은 유죄의 판결이 확정될 때까지는 무죄로 추정된다.

⑤ 형사피해자는 법률이 정하는 바에 의하여 당해 사건의 재판절차에서 진술할 수 있다.

제28조(형사보상) 형사피의자 또는 형사피고인으로서 구금되었던 자가 법률이 정하는 불기소처분을 받거나 무죄판결을 받은 때에는 법률이 정하는 바에 의하여 국가에 정당한 보상을 청구할 수 있다.

제29조(국가 · 공공단체의 배상책임) ① 공무원의 직무상 불법행위로 손해를 받은 국민은 법률이 정하는 바에 의하여 국가 또는 공공단체에 정당한 배상을 청구할 수 있다. 이 경우 공무원 자신의 책임은 면제되지 아니한다.

② 군인 · 군무원 · 경찰공무원 기타 법률이 정하는 자가 전투 · 훈련등 직무집행과 관련하여 받은 손해에 대하여는 법률이 정하는 보상외에 국가 또는 공공단체에 공무원의 직무상 불법행위로 인한 배상은 청구할 수 없다.

제30조(범죄행위로 인한 피해구조) 타인의 범죄행위로 인하여 생명 · 신체에 대한 피해를 받은 국민은 법률이 정하는 바에 의하여 국가로부터 구조를 받을 수 있다.

제31조(교육을 받을 권리 · 의무 · 평생교육진흥) ① 모든 국민은 능력에 따라 균등하게 교육을 받을 권리를 가진다.

② 모든 국민은 그 보호하는 자녀에게 적어도 초등교육과 법률이 정하는 교육을 받게 할 의무를 진다.

③ 의무교육은 무상으로 한다.

④ 교육의 자주성 · 전문성 · 정치적 중립성 및 대학의 자율성은 법률이 정하는 바에 의하여 보장된다.

⑤ 국가는 평생교육을 진흥하여야 한다.

⑥ 학교교육 및 평생교육을 포함한 교육제도와 그 운영, 교육재정 및 교원의 지위에 관한 기본적인 사항은 법률로 정한다.

제32조(근로의 권리 · 의무, 최저임금제, 여자 · 연소자보호, 국가유공자에 대한 기회우선) ① 모든 국민은 근로의 권리를 가진다. 국가는 사회적 · 경제적 방

법으로 근로자의 고용의 증진과 적정임금의 보장에 노력하여야 하며, 법률이 정하는 바에 의하여 최저임금제를 시행하여야 한다.

② 모든 국민은 근로의 의무를 진다. 국가는 근로의 의무의 내용과 조건을 민주주의원칙에 따라 법률로 정한다.

③ 근로조건의 기준은 인간의 존엄성을 보장하도록 법률로 정한다.

④ 여자의 근로는 특별한 보호를 받으며, 고용·임금 및 근로조건에 있어서 부당한 차별을 받지 아니한다.

⑤ 연소자의 근로는 특별한 보호를 받는다.

⑥ 국가유공자·상이군경 및 전몰군경의 유가족은 법률이 정하는 바에 의하여 우선적으로 근로의 기회를 부여받는다.

제33조(근로자의 단결권등) ① 근로자는 근로조건의 향상을 위하여 자주적인 단결권·단체교섭권 및 단체행동권을 가진다.

② 공무원인 근로자는 법률이 정하는 자에 한하여 단결권·단체교섭권 및 단체행동권을 가진다.

③ 법률이 정하는 주요방위산업체에 종사하는 근로자의 단체행동권은 법률이 정하는 바에 의하여 이를 제한하거나 인정하지 아니할 수 있다.

제34조(사회보장) ① 모든 국민은 인간다운 생활을 할 권리를 가진다.

② 국가는 사회보장·사회복지의 증진에 노력할 의무를 진다.

③ 국가는 여자의 복지와 권익의 향상을 위하여 노력하여야 한다.

④ 국가는 노인과 청소년의 복지향상을 위한 정책을 실시할 의무를 진다.

⑤ 신체장애자 및 질병·노령 기타의 사유로 생활능력이 없는 국민은 법률이 정하는 바에 의하여 국가의 보호를 받는다.

⑥ 국가는 재해를 예방하고 그 위험으로부터 국민을 보호하기 위하여 노력하여야 한다.

제35조(환경권) ① 모든 국민은 건강하고 쾌적한 환경에서 생활할 권리를 가지며, 국가와 국민은 환경보전을 위하여 노력하여야 한다.

② 환경권의 내용과 행사에 관하여는 법률로 정한다.

③ 국가는 주택개발정책등을 통하여 모든 국민이 쾌적한 주거생활을 할 수 있도록 노력하여야 한다.

제36조(혼인과 가족생활보장, 모성보호, 국민보건보호) ① 혼인과 가족생활은 개인의 존엄과 양성의 평등을 기초로 성립되고 유지되어야 하며, 국가는 이를 보장한다.

② 국가는 모성의 보호를 위하여 노력하여야 한다.

③ 모든 국민은 보건에 관하여 국가의 보호를 받는다.

제37조(국민의 자유와 권리의 존중·제한) ① 국민의 자유와 권리는 헌법에 열거되지 아니한 이유로 경시되지 아니한다.

② 국민의 모든 자유와 권리는 국가안전보장·질서유지 또는 공공복리를 위하여 필요한 경우에 한하여 법률로써 제한할 수 있으며, 제한하는 경우에도 자유와 권리의 본질적인 내용을 침해할 수 없다.

제38조(납세의 의무) 모든 국민은 법률이 정하는 바에 의하여 납세의 의무를 진다.

제39조(국방의 의무) ① 모든 국민은 법률이 정하는 바에 의하여 국방의 의무를 진다.

② 누구든지 병역의무의 이행으로 인하여 불이익한 처우를 받지 아니한다.

제3장 국회

제40조(입법권) 입법권은 국회에 속한다.

제41조(국회의 구성) ① 국회는 국민의 보통·평등·직접·비밀선거에 의하

여 선출된 국회의원으로 구성한다.

② 국회의원의 수는 법률로 정하되, 200인 이상으로 한다.

③ 국회의원의 선거구와 비례대표제 기타 선거에 관한 사항은 법률로 정한다.

제42조(의원의 임기) 국회의원의 임기는 4년으로 한다.

제43조(의원의 겸직제한) 국회의원은 법률이 정하는 직을 겸할 수 없다.

제44조(의원의 불체포특권) ① 국회의원은 현행범인인 경우를 제외하고는 회기중 국회의 동의없이 체포 또는 구금되지 아니한다.

② 국회의원이 회기전에 체포 또는 구금된 때에는 현행범인이 아닌 한 국회의 요구가 있으면 회기중 석방된다.

제45조(발언·표결의 면책특권) 국회의원은 국회에서 직무상 행한 발언과 표결에 관하여 국회외에서 책임을 지지 아니한다.

제46조(의원의 직무, 지위의 남용금지) ① 국회의원은 청렴의 의무가 있다.

② 국회의원은 국가이익을 우선하여 양심에 따라 직무를 행한다.

③ 국회의원은 그 지위를 남용하여 국가·공공단체 또는 기업체와의 계약이나 그 처분에 의하여 재산상의 권리·이익 또는 직위를 취득하거나 타인을 위하여 그 취득을 알선할 수 없다.

제47조(정기회·임시회) ① 국회의 정기회는 법률이 정하는 바에 의하여 매년 1회 집회되며, 국회의 임시회는 대통령 또는 국회재적의원 4분의 1 이상의 요구에 의하여 집회된다.

② 정기회의 회기는 100일을, 임시회의 회기는 30일을 초과할 수 없다.

③ 대통령이 임시회의 집회를 요구할 때에는 기간과 집회요구의 이유를 명시하여야 한다.

제48조(의장·부의장) 국회는 의장 1인과 부의장 2인을 선출한다.

제49조(의결정족수와 의결방법) 국회는 헌법 또는 법률에 특별한 규정이 없는 한 재적의원 과반수의 출석과 출석의원 과반수의 찬성으로 의결한다. 가부동수인 때에는 부결된 것으로 본다.

제50조(의사공개의 원칙) ① 국회의 회의는 공개한다. 다만, 출석의원 과반수의 찬성이 있거나 의장이 국가의 안전보장을 위하여 필요하다고 인정할 때에는 공개하지 아니할 수 있다.

② 공개하지 아니한 회의내용의 공표에 관하여는 법률이 정하는 바에 의한다.

제51조(의안의 차회기계속) 국회에 제출된 법률안 기타의 의안은 회기중에 의결되지 못한 이유로 폐기되지 아니한다. 다만, 국회의원의 임기가 만료된 때에는 그러하지 아니하다.

제52조(법률안제출권) 국회의원과 정부는 법률안을 제출할 수 있다.

제53조(법률의 공포, 대통령의 거부권, 법률안의 확정ㆍ발효) ① 국회에서 의결된 법률안은 정부에 이송되어 15일 이내에 대통령이 공포한다.

② 법률안에 이의가 있을 때에는 대통령은 제1항의 기간내에 이의서를 붙여 국회로 환부하고, 그 재의를 요구할 수 있다. 국회의 폐회중에도 또한 같다.

③ 대통령은 법률안의 일부에 대하여 또는 법률안을 수정하여 재의를 요구할 수 없다.

④ 재의의 요구가 있을 때에는 국회는 재의에 붙이고, 재적의원과반수의 출석과 출석의원 3분의 2 이상의 찬성으로 전과 같은 의결을 하면 그 법률안은 법률로서 확정된다.

⑤ 대통령이 제1항의 기간내에 공포나 재의의 요구를 하지 아니한 때에도 그 법률안은 법률로서 확정된다.

⑥ 대통령은 제4항과 제5항의 규정에 의하여 확정된 법률을 지체없이 공포하여야 한다. 제5항에 의하여 법률이 확정된 후 또는 제4항에 의한 확정법률이 정부에 이송된 후 5일이내에 대통령이 공포하지 아니할 때에는 국회의장이 이를 공포한다.

⑦ 법률은 특별한 규정이 없는 한 공포한 날로부터 20일을 경과함으로써 효력을 발생한다.

제54조(예산안의 심의·확정권, 의결기간도과시의 조치) ① 국회는 국가의 예산안을 심의·확정한다.

② 정부는 회계연도마다 예산안을 편성하여 회계연도 개시 90일전까지 국회에 제출하고, 국회는 회계연도 개시 30일전까지 이를 의결하여야 한다.

③ 새로운 회계연도가 개시될 때까지 예산안이 의결되지 못한 때에는 정부는 국회에서 예산안이 의결될 때까지 다음의 목적을 위한 경비는 전년도 예산에 준하여 집행할 수 있다.

1. 헌법이나 법률에 의하여 설치된 기관 또는 시설의 유지·운영

2. 법률상 지출의무의 이행

3. 이미 예산으로 승인된 사업의 계속

제55조(계속비, 예비비) ① 한 회계연도를 넘어 계속하여 지출할 필요가 있을 때에는 정부는 연한을 정하여 계속비로서 국회의 의결을 얻어야 한다.

② 예비비는 총액으로 국회의 의결을 얻어야 한다. 예비비의 지출은 차기 국회의 승인을 얻어야 한다.

제56조(추가경정예산) 정부는 예산에 변경을 가할 필요가 있을 때에는 추가경정예산안을 편성하여 국회에 제출할 수 있다.

제57조(지출예산 각항의 증액과 새 비목의 설치금지) 국회는 정부의 동의없이 정부가 제출한 지출예산 각항의 금액을 증가하거나 새 비목을 설치할 수

없다.

제58조(국채모집등에 대한 의결권) 국채를 모집하거나 예산외에 국가의 부담이 될 계약을 체결하려 할 때에는 정부는 미리 국회의 의결을 얻어야 한다.

제59조(조세의 종목과 세율) 조세의 종목과 세율은 법률로 정한다.

제60조(조약·선전포고등에 관한 동의권) ① 국회는 상호원조 또는 안전보장에 관한 조약, 중요한 국제조직에 관한 조약, 우호통상항해조약, 주권의 제약에 관한 조약, 강화조약, 국가나 국민에게 중대한 재정적 부담을 지우는 조약 또는 입법사항에 관한 조약의 체결·비준에 대한 동의권을 가진다.

② 국회는 선전포고, 국군의 외국에의 파견 또는 외국군대의 대한민국 영역안에서의 주류(駐留)에 대한 동의권을 가진다.

제61조(국정에 관한 감사·조사권) ① 국회는 국정을 감사하거나 특정한 국정사안에 대하여 조사할 수 있으며, 이에 필요한 서류의 제출 또는 증인의 출석과 증언이나 의견의 진술을 요구할 수 있다.

② 국정감사 및 조사에 관한 절차 기타 필요한 사항은 법률로 정한다.

제62조(국무총리등의 국회출석) ① 국무총리·국무위원 또는 정부위원은 국회나 그 위원회에 출석하여 국정처리상황을 보고하거나 의견을 진술하고 질문에 응답할 수 있다.

② 국회나 그 위원회의 요구가 있을 때에는 국무총리·국무위원 또는 정부위원은 출석·답변하여야 하며, 국무총리 또는 국무위원이 출석요구를 받은 때에는 국무위원 또는 정부위원으로 하여금 출석·답변하게 할 수 있다.

제63조(국무총리·국무위원 해임건의권) ① 국회는 국무총리 또는 국무위원의 해임을 대통령에게 건의할 수 있다.

② 제1항의 해임건의는 국회재적의원 3분의 1 이상의 발의에 의하여 국회재적의원 과반수의 찬성이 있어야 한다.

제64조(국회의 자율권) ① 국회는 법률에 저촉되지 아니하는 범위안에서 의사와 내부규율에 관한 규칙을 제정할 수 있다.

② 국회는 의원의 자격을 심사하며, 의원을 징계할 수 있다.

③ 의원을 제명하려면 국회재적의원 3분의 2 이상의 찬성이 있어야 한다.

④ 제2항과 제3항의 처분에 대하여는 법원에 제소할 수 없다.

제65조(탄핵소추권, 탄핵결정의 효력) ① 대통령·국무총리·국무위원·행정각부의 장·헌법재판소 재판관·법관·중앙선거관리위원회 위원·감사원장·감사위원 기타 법률이 정한 공무원이 그 직무집행에 있어서 헌법이나 법률을 위배한 때에는 국회는 탄핵의 소추를 의결할 수 있다.

② 제1항의 탄핵소추는 국회재적의원 3분의 1 이상의 발의가 있어야 하며, 그 의결은 국회재적의원 과반수의 찬성이 있어야 한다. 다만, 대통령에 대한 탄핵소추는 국회재적의원 과반수의 발의와 국회재적의원 3분의 2 이상의 찬성이 있어야 한다.

③ 탄핵소추의 의결을 받은 자는 탄핵심판이 있을 때까지 그 권한행사가 정지된다.

④ 탄핵결정은 공직으로부터 파면함에 그친다. 그러나, 이에 의하여 민사상이나 형사상의 책임이 면제되지는 아니한다.

제4장 정 부

제1절 대통령

제66조(대통령의 지위·책무, 행정권) ① 대통령은 국가의 원수이며, 외국에 대하여 국가를 대표한다.

② 대통령은 국가의 독립·영토의 보전·국가의 계속성과 헌법을 수호할 책무를 진다.

③ 대통령은 조국의 평화적 통일을 위한 성실한 의무를 진다.

④ 행정권은 대통령을 수반으로 하는 정부에 속한다.

제67조(대통령의 선거, 피선거권) ① 대통령은 국민의 보통 · 평등 · 직접 · 비밀선거에 의하여 선출한다.

② 제1항의 선거에 있어서 최고득표자가 2인 이상인 때에는 국회의 재적의원 과반수가 출석한 공개회의에서 다수표를 얻은 자를 당선자로 한다.

③ 대통령후보자가 1인일 때에는 그 득표수가 선거권자 총수의 3분의 1 이상이 아니면 대통령으로 당선될 수 없다.

④ 대통령으로 선거될 수 있는 자는 국회의원의 피선거권이 있고 선거일 현재 40세에 달하여야 한다.

⑤ 대통령의 선거에 관한 사항은 법률로 정한다.

제68조(대통령선거의 시기, 보궐선거) ① 대통령의 임기가 만료되는 때에는 임기만료 70일 내지 40일전에 후임자를 선거한다.

② 대통령이 궐위된 때 또는 대통령 당선자가 사망하거나 판결 기타의 사유로 그 자격을 상실한 때에는 60일 이내에 후임자를 선거한다.

제69조(대통령의 취임선서) 대통령은 취임에 즈음하여 다음의 선서를 한다.
"나는 헌법을 준수하고 국가를 보위하며 조국의 평화적 통일과 국민의 자유와 복리의 증진 및 민족문화의 창달에 노력하여 대통령으로서의 직책을 성실히 수행할 것을 국민 앞에 엄숙히 선서합니다."

제70조(대통령의 임기) 대통령의 임기는 5년으로 하며, 중임할 수 없다.

제71조(대통령권한대행) 대통령이 궐위되거나 사고로 인하여 직무를 수행할 수 없을 때에는 국무총리, 법률이 정한 국무위원의 순서로 그 권한을 대행한다.

제72조(중요정책의 국민투표) 대통령은 필요하다고 인정할 때에는 외교 · 국

방·통일 기타 국가안위에 관한 중요정책을 국민투표에 붙일 수 있다.

제73조(외교·선전·강화권) 대통령은 조약을 체결·비준하고, 외교사절을 신임·접수 또는 파견하며, 선전포고와 강화를 한다.

제74조(국군통수권, 국군의 조직·편성) ① 대통령은 헌법과 법률이 정하는 바에 의하여 국군을 통수한다.

② 국군의 조직과 편성은 법률로 정한다.

제75조(대통령령) 대통령은 법률에서 구체적으로 범위를 정하여 위임받은 사항과 법률을 집행하기 위하여 필요한 사항에 관하여 대통령령을 발할 수 있다.

제76조(긴급처분·명령권) ① 대통령은 내우·외환·천재·지변 또는 중대한 재정·경제상의 위기에 있어서 국가의 안전보장 또는 공공의 안녕질서를 유지하기 위하여 긴급한 조치가 필요하고 국회의 집회를 기다릴 여유가 없을 때에 한하여 최소한으로 필요한 재정·경제상의 처분을 하거나 이에 관하여 법률의 효력을 가지는 명령을 발할 수 있다.

② 대통령은 국가의 안위에 관계되는 중대한 교전장태에 있어서 국가를 보위하기 위하여 긴급한 조치가 필요하고 국회의 집회가 불가능한 때에 한하여 법률의 효력을 가지는 명령을 발할 수 있다.

③ 대통령은 제1항과 제2항의 처분 또는 명령을 한 때에는 지체없이 국회에 보고하여 그 승인을 얻어야 한다.

④ 제3항의 승인을 얻지 못한 때에는 그 처분 또는 명령은 그때부터 효력을 상실한다. 이 경우 그 명령에 의하여 개정 또는 폐지되었던 법률은 그 명령이 승인을 얻지 못한 때부터 당연히 효력을 회복한다.

⑤ 대통령은 제3항과 제4항의 사유를 지체없이 공포하여야 한다.

제77조(계엄) ① 대통령은 전시·사변 또는 이에 준하는 국가비상사태에 있

어서 병력으로써 군사상의 필요에 응하거나 공공의 안녕질서를 유지할 필요가 있을 때에는 법률이 정하는 바에 의하여 계엄을 선포할 수 있다.

② 계엄은 비상계엄과 경비계엄으로 한다.

③ 비상계엄이 선포된 때에는 법률이 정하는 바에 의하여 영장제도, 언론·출판·집회·결사의 자유, 정부나 법원의 권한에 관하여 특별한 조치를 할 수 있다.

④ 계엄을 선포한 때에는 대통령은 지체없이 국회에 통고하여야 한다.

⑤ 국회가 재적의원 과반수의 찬성으로 계엄의 해제를 요구한 때에는 대통령은 이를 해제하여야 한다.

제78조(공무원임면권) 대통령은 헌법과 법률이 정하는 바에 의하여 공무원을 임면한다.

제79조(사면권) ① 대통령은 법률이 정하는 바에 의하여 사면·감형 또는 복권을 명할 수 있다.

② 일반사면을 명하려면 국회의 동의를 얻어야 한다.

③ 사면·감형 및 복권에 관한 사항은 법률로 정한다.

제80조(영전수여권) 대통령은 법률이 정하는 바에 의하여 훈장 기타의 영전을 수여한다.

제81조(국회에 대한 의사표시) 대통령은 국회에 출석하여 발언하거나 서한으로 의견을 표시할 수 있다.

제82조(국법상 행위 및 부서) 대통령의 국법상 행위는 문서로써 하며, 이 문서에는 국무총리와 관계 국무위원이 부서한다. 군사에 관한 것도 또한 같다.

제83조(겸직금지) 대통령은 국무총리·국무위원·행정각부의 장 기타 법률이 정하는 공사의 직을 겸할 수 없다.

제84조(형사상 특권) 대통령은 내란 또는 외환의 죄를 범한 경우를 제외하고

는 재직중 형사상의 소추를 받지 아니한다.

제85조(전직대통령의 신분과 예우) 전직대통령의 신분과 예우에 관하여는 법률로 정한다.

제2절 행정부

제1관 국무총리와 국무위원

제86조(국무총리) ① 국무총리는 국회의 동의를 얻어 대통령이 임명한다.

② 국무총리는 대통령을 보좌하며, 행정에 관하여 대통령의 명을 받아 행정각부를 통할한다.

③ 군인은 현역을 면한 후가 아니면 국무총리로 임명될 수 없다.

제87조(국무위원) ① 국무위원은 국무총리의 제청으로 대통령이 임명한다.

② 국무위원은 국정에 관하여 대통령을 보좌하며, 국무회의의 구성원으로서 국정을 심의한다.

③ 국무총리는 국무위원의 해임을 대통령에게 건의할 수 있다.

④ 군인은 현역을 면한 후가 아니면 국무위원으로 임명될 수 없다.

제2관 국무회의

제88조(권한, 구성) ① 국무회의는 정부의 권한에 속하는 중요한 정책을 심의한다.

② 국무회의는 대통령 · 국무총리와 15인 이상 30인 이하의 국무위원으로 구성한다.

③ 대통령은 국무회의의 의장이 되고, 국무총리는 부의장이 된다.

제89조(심의사항) 다음 사항은 국무회의의 심의를 거쳐야 한다.

1. 국정의 기본계획과 정부의 일반정책

2. 선전·강화 기타 중요한 대외정책

3. 헌법개정안·국민투표안·조약안·법률안 및 대통령령안

4. 예산안·결산·국유재산처분의 기본계획·국가의 부담이 될 계약 기타 재정에 관한 중요사항

5. 대통령의 긴급명령·긴급재정경제처분 및 명령 또는 계엄과 그 해제

6. 군사에 관한 중요사항

7. 국회의 임시회 집회의 요구

8. 영전수여

9. 사면·감형과 복권

10. 행정각부간의 권한의 획정

11. 정부안의 권한의 위임 또는 배정에 관한 기본계획

12. 국정처리상황의 평가·분석

13. 행정각부의 중요한 정책의 수립과 조정

14. 정당해산의 제소

15. 정부에 제출 또는 회부된 정부의 정책에 관계되는 청원의 심사

16. 검찰총장·합동참모의장·각군참모총장·국립대학교총장·대사 기타 법률이 정한 공무원과 국영기업체관리자의 임명

17. 기타 대통령·국무총리 또는 국무위원이 제출한 사항

제90조(국가원로자문회의) ① 국정의 중요한 사항에 관한 대통령의 자문에 응하기 위하여 국가원로로 구성되는 국가원로자문회의를 둘 수 있다.

② 국가원로자문회의의 의장은 직전대통령이 된다. 다만, 직전대통령이 없을 때에는 대통령이 지명한다.

③ 국가원로자문회의의 조직·직무범위 기타 필요한 사항은 법률로 정한다.

제91조(국가안전보장회의) ① 국가안전보장에 관련되는 대외정책·군사정책과 국내정책의 수립에 관하여 국무회의의 심의에 앞서 대통령의 자문에 응하기 위하여 국가안전보장회의를 둔다.

② 국가안전보장회의는 대통령이 주재한다.

③ 국가안전보장회의의 조직·직무범위 기타 필요한 사항은 법률로 정한다.

제92조(민주평화통일자문회의) ① 평화통일정책의 수립에 관한 대통령의 자문에 응하기 위하여 민주평화통일자문회의를 둘 수 있다.

② 민주평화통일자문회의의 조직·직무범위 기타 필요한 사항은 법률로 정한다.

제93조(국민경제자문회의) ① 국민경제의 발전을 위한 중요정책의 수립에 관하여 대통령의 자문에 응하기 위하여 국민경제자문회의를 둘 수 있다.

② 국민경제자문회의의 조직·직무범위 기타 필요한 사항은 법률로 정한다.

제3관 행정각부

제94조(각부의 장) 행정각부의 장은 국무위원 중에서 국무총리의 제청으로 대통령이 임명한다.

제95조(총리령·부령) 국무총리 또는 행정각부의 장은 소관사무에 관하여 법률이나 대통령령의 위임 또는 직권으로 총리령 또는 부령을 발할 수 있다.

제96조(각부의 조직·직무) 행정각부의 설치·조직과 직무범위는 법률로 정한다.

제4관 감사원

제97조(직무와 소속) 국가의 세입 · 세출의 결산, 국가 및 법률이 정한 단체의 회계검사와 행정기관 및 공무원의 직무에 관한 감찰을 하기 위하여 대통령 소속하에 감사원을 둔다.

제98조(구성) ① 감사원은 원장을 포함한 5인 이상 11인 이하의 감사위원으로 구성한다.

② 원장은 국회의 동의를 얻어 대통령이 임명하고, 그 임기는 4년으로 하며, 1차에 한하여 중임할 수 있다.

③ 감사위원은 원장의 제청으로 대통령이 임명하고, 그 임기는 4년으로 하며, 1차에 한하여 중임할 수 있다.

제99조(검사와 보고) 감사원은 세입 · 세출의 결산을 매년 검사하여 대통령과 차년도국회에 그 결과를 보고하여야 한다.

제100조(조직 · 직무범위등) 감사원의 조직 · 직무범위 · 감사위원의 자격 · 감사대상공무원의 범위 기타 필요한 사항은 법률로 정한다.

제5장 법원

제101조(사법권, 법원의 조직, 법관의 자격) ① 사법권은 법관으로 구성된 법원에 속한다.

② 법원은 최고법원인 대법원과 각급법원으로 조직된다.

③ 법관의 자격은 법률로 정한다.

제102조(대법원의 조직) ① 대법원에 부를 둘 수 있다.

② 대법원에 대법관을 둔다. 다만, 법률이 정하는 바에 의하여 대법관이 아닌 법관을 둘 수 있다.

③ 대법원과 각급법원의 조직은 법률로 정한다.

제103조(법관의 독립) 법관은 헌법과 법률에 의하여 그 양심에 따라 독립하

여 심판한다.

제104조(대법원장 · 대법관의 임명) ① 대법원장은 국회의 동의를 얻어 대통령이 임명한다.

② 대법관은 대법원장의 제청으로 국회의 동의를 얻어 대통령이 임명한다.

③ 대법원장과 대법관이 아닌 법관은 대법관회의의 동의를 얻어 대법원장이 임명한다.

제105조(법관의 임기 · 연임 · 정년) ① 대법원장의 임기는 6년으로 하며, 중임할 수 없다.

② 대법관의 임기는 6년으로 하며, 법률이 정하는 바에 의하여 연임할 수 있다.

③ 대법원장과 대법관이 아닌 법관의 임기는 10년으로 하며, 법률이 정하는 바에 의하여 연임할 수 있다.

④ 법관의 정년은 법률로 정한다.

제106조(법관의 신분보장) ① 법관은 탄핵 또는 금고이상의 형의 선고에 의하지 아니하고는 파면되지 아니하며, 징계처분에 의하지 아니하고는 정직 · 감봉 기타 불리한 처분을 받지 아니한다.

② 법관이 중대한 심신상의 장해로 직무를 수행할 수 없을 때에는 법률이 정하는 바에 의하여 퇴직하게 할 수 있다.

제107조(위헌제청, 명령등의 심사권, 행정심판) ① 법률이 헌법에 위반되는 여부가 재판의 전제가 된 경우에는 법원은 헌법재판소에 제청하여 그 심판에 의하여 재판한다.

② 명령 · 규칙 또는 처분이 헌법이나 법률에 위반되는 여부가 재판의 전제가 된 경우에는 대법원은 이를 최종적으로 심사할 권한을 가진다.

③ 재판의 전심절차로서 행정심판을 할 수 있다. 행정심판의 절차는 법률

로 정하되, 사법절차가 준용되어야 한다.

제108조(대법원의 규칙제정권) 대법원은 법률에서 저촉되지 아니하는 범위
안에서 소송에 관한 절차, 법원의 내부규율과 사무처리에 관한 규칙을 제정
할 수 있다.

제109조(재판공개의 원칙) 재판의 심리와 판결은 공개한다. 다만, 심리는 국
가의 안전보장 또는 안녕질서를 방해하거나 선량한 풍속을 해할 염려가 있
을 때에는 법원의 결정으로 공개하지 아니할 수 있다.

제110조(군사재판) ① 군사재판을 관할하기 위하여 특별법원으로서 군사법
원을 둘 수 있다.

② 군사법원의 상고심은 대법원에서 관할한다.

③ 군사법원의 조직·권한 및 재판관의 자격은 법률로 정한다.

④ 비상계엄하의 군사재판은 군인·군무원의 범죄나 군사에 관한 간첩
죄의 경우와 초병·초소·유독음식물공급·포로에 관한 죄중 법률이 정한
경우에 한하여 단심으로 할 수 있다. 다만, 사형을 선고한 경우에는 그러하
지 아니하다.

제6장 헌법재판소

제111조(권한과 구성등) ① 헌법재판소는 다음 사항을 관장한다.

1. 법원의 제청에 의한 법률의 위헌여부 심판

2. 탄핵의 심판

3. 정당의 해산 심판

4. 국가기관 상호간, 국가기관과 지방자치단체간 및 지방자치단체 상호
간의 권한쟁의에 관한 심판

5. 법률이 정하는 헌법소원에 관한 심판

② 헌법재판소는 법관의 자격을 가진 9인의 재판관으로 구성하며, 재판관은 대통령이 임명한다.

③ 제2항의 재판관중 3인은 국회에서 선출하는 자를, 3인은 대법원장이 지명하는 자를 임명한다.

④ 헌법재판소의 장은 국회의 동의를 얻어 재판관중에서 대통령이 임명한다.

제112조(재판관의 임기, 정치관여금지, 신분보장) ① 헌법재판소 재판관의 임기는 6년으로 하며, 법률이 정하는 바에 의하여 연임할 수 있다.

② 헌법재판소 재판관은 정당에 가입하거나 정치에 관여할 수 없다.

③ 헌법재판소 재판관은 탄핵 또는 금고이상의 형의 선고에 의하지 아니하고는 파면되지 아니한다.

제113조(결정정족수, 조직과 운영) ① 헌법재판소에서 법률의 위헌결정, 탄핵의 결정, 정당해산의 결정 또는 헌법소원에 관한 인용결정을 할 때에는 재판관 6인 이상의 찬성이 있어야 한다.

② 헌법재판소는 법률에 저촉되지 아니하는 범위안에서 심판에 관한 절차, 내부규율과 사무처리에 관한 규칙을 제정할 수 있다.

③ 헌법재판소의 조직과 운영 기타 필요한 사항은 법률로 정한다.

제7장 선거관리

제114조(선거관리위원회) ① 선거와 국민투표의 공정한 관리 및 정당에 관한 사무를 처리하기 위하여 선거관리위원회를 둔다.

② 중앙선거관리위원회는 대통령이 임명하는 3인, 국회에서 선출하는 3인과 대법원장이 지명하는 3인의 위원으로 구성한다. 위원장은 위원중에서 호선한다.

③ 위원의 임기는 6년으로 한다.

④ 위원은 정당에 가입하거나 정치에 관여할 수 없다.

⑤ 위원은 탄핵 또는 금고이상의 형의 선고에 의하지 아니하고는 파면되지 아니한다.

⑥ 중앙선거관리위원회는 법령의 범위안에서 선거관리·국민투표관리 또는 정당사무에 관한 규칙을 제정할 수 있으며, 법률에 저촉되지 아니하는 범위안에서 내부규율에 관한 규칙을 제정할 수 있다.

⑦ 각급 선거관리위원회의 조직·직무범위 기타 필요한 사항은 법률로 정한다.

제115조(선거관리위원회의 대행정기관지시권) ① 각급 선거관리위원회는 선거인명부의 작성등 선거사무와 국민투표사무에 관하여 관계 행정기관에 필요한 지시를 할 수 있다.

② 제1항의 지시를 받은 당해 행정기관은 이에 응하여야 한다.

제116조(선거운동, 선거경비) ① 선거운동은 각급 선거관리위원회의 관리하에 법률이 정하는 범위안에서 하되, 균등한 기회가 보장되어야 한다.

② 선거에 관한 경비는 법률이 정하는 경우를 제외하고는 정당 또는 후보자에게 부담시킬 수 없다.

제8장 지방자치

제117조(자치권, 지방자치단체의 종류) ① 지방자치단체는 주민의 복리에 관한 사무를 처리하고 재산을 관리하며, 법령의 범위안에서 자치에 관한 규정을 제정할 수 있다.

② 지방자치단체의 종류는 법률로 정한다.

제118조(지방자치단체의 조직·운영) ① 지방자치단체에 의회를 둔다.

② 지방의회의 조직·권한·의원선거와 지방자치단체의 장의 선임방법 기타 지방자치단체의 조직과 운영에 관한 사항은 법률로 정한다.

제9장 경제

제119조(경제질서의 기본, 경제의 규제·조정) ① 대한민국의 경제질서는 개인과 기업의 경제상의 자유와 창의를 존중함을 기본으로 한다.

② 국가는 균형있는 국민경제의 성장 및 안정과 적정한 소득의 분배를 유지하고, 시장의 지배와 경제력의 남용을 방지하며, 경제주체간의 조화를 통한 경제의 민주화를 위하여 경제에 관한 규제와 조정을 할 수 있다.

제120조(천연자원의 채취·개발·특허 및 보호) ① 광물 기타 중요한 지하자원·수산자원·수력과 경제상 이용할 수 있는 자연력은 법률이 정하는 바에 의하여 일정한 기간 그 채취·개발 또는 이용을 특허할 수 있다.

② 국토와 자원은 국가의 보호를 받으며, 국가는 그 균형있는 개발과 이용을 위하여 필요한 계획을 수립한다.

제121조(농지의 소작제도금지, 농지의 임대차·위탁경영) ① 국가는 농지에 관하여 경자유전의 원칙이 달성될 수 있도록 노력하여야 하며, 농지의 소작제도는 금지된다.

② 농업생산성의 제고와 농지의 합리적인 이용을 위하거나 불가피한 사정으로 발생하는 농지의 임대차와 위탁경영은 법률이 정하는 바에 의하여 인정된다.

제122조(국토의 이용·개발제한과 의무부과) 국가는 국민 모두의 생산 및 생활의 기반이 되는 국토의 효율적이고 균형있는 이용·개발과 보전을 위하여 법률이 정하는 바에 의하여 그에 관한 필요한 제한과 의무를 과할 수 있다.

제123조(농·어촌종합개발, 농·어민 및 중소기업의 보호·육성) ① 국가는 농

업 및 어업을 보호 · 육성하기 위하여 농 · 어촌종합개발과 그 지원 등 필요한 계획을 수립 · 시행하여야 한다.

② 국가는 지역간의 균형있는 발전을 위하여 지역경제를 육성할 의무를 진다.

③ 국가는 중소기업을 보호 · 육성하여야 한다.

④ 국가는 농수산물의 수급균형과 유통구조의 개선에 노력하여 가격안정을 도모함으로써 농 · 어민의 이익을 보호한다.

⑤ 국가는 농 · 어민과 중소기업의 자조조직을 육성하여야 하며, 그 자율적 활동과 발전을 보장한다.

제124조(소비자보호) 국가는 건전한 소비행위를 계도하고 생산품의 품질향상을 촉구하기 위한 소비자보호운동을 법률이 정하는 바에 의하여 보장한다.

제125조(대외무역의 육성과 규제 · 조정) 국가는 대외무역을 육성하며, 이를 규제 · 조정할 수 있다.

제126조(사영기업의 국 · 공유화 또는 통제 · 관리의 금지) 국방상 또는 국민경제상 긴절한 필요로 인하여 법률이 정하는 경우를 제외하고는, 사영기업을 국유 또는 공유로 이전하거나 그 경영을 통제 또는 관리할 수 없다.

제127조(과학기술의 혁신 · 개발과 국가표준제도 확립) ① 국가는 과학기술의 혁신과 정보 및 인력의 개발을 통하여 국민경제의 발전에 노력하여야 한다.

② 국가는 국가표준제도를 확립한다.

③ 대통령은 제1항의 목적을 달성하기 위하여 필요한 자문기구를 둘 수 있다.

제10장 헌법개정

제128조(개정제안과 효력) ① 헌법개정은 국회재적의원 과반수 또는 대통령

의 발의로 제안된다.

② 대통령의 임기연장 또는 중임변경을 위한 헌법개정은 그 헌법개정 제
안 당시의 대통령에 대하여는 효력이 없다.

제129조(개정안공고기간) 제안된 헌법개정안은 대통령이 20일이상의 기간
이를 공고하여야 한다.

제130조(개정안의 의결과 확정·공포) ① 국회는 헌법개정안이 공고된 날로
부터 60일이내에 의결하여야 하며, 국회의 의결은 재적의원 3분의 2이상의
찬성을 얻어야 한다.

② 헌법개정안은 국회가 의결한 후 30일이내에 국민투표에 붙여 국회의
원선거권자 과반수의 투표와 투표자 과반수의 찬성을 얻어야 한다.

③ 헌법개정안이 제2항의 찬성을 얻은 때에는 헌법개정은 확정되며, 대
통령은 즉시 이를 공포하여야 한다.

부 칙

제1조(시행일) 이 헌법은 1988년 2월 25일부터 시행한다. 다만, 이 헌법을
시행하기 위하여 필요한 법률의 제정·개정과 이 헌법에 의한 대통령 및
국회의원의 선거 기타 이 헌법시행에 관한 준비는 이 헌법시행 전에 할 수
있다.

제2조(최초의 대통령선거시기와 임기) ① 이 헌법에 의한 최초의 대통령선거
는 이 헌법시행일 40일 전까지 실시한다.

② 이 헌법에 의한 최초의 대통령의 임기는 이 헌법시행일로부터 개시
한다.

제3조(최초의 국회의원선거시기, 이 헌법시행당시의 국회의원임기) ① 이 헌법
에 의한 최초의 국회의원선거는 이 헌법공포일로부터 6월 이내에 실시하

며, 이 헌법에 의하여 선출된 최초의 국회의원의 임기는 국회의원선거후 이 헌법에 의한 국회의 최초의 집회일로부터 개시한다.

② 이 헌법공포 당시의 국회의원의 임기는 제1항에 의한 국회의 최초의 집회일 전일까지로 한다.

제4조(이 헌법 시행당시의 공무원등의 지위) ① 이 헌법시행 당시의 공무원과 정부가 임명한 기업체의 임원은 이 헌법에 의하여 임명된 것으로 본다. 다만, 이 헌법에 의하여 선임방법이나 임명권자가 변경된 공무원과 대법원장 및 감사원장은 이 헌법에 의하여 후임자가 선임될 때까지 그 직무를 행하며, 이 경우 전임자인 공무원의 임기는 후임자가 선임되는 전일까지로 한다.

② 이 헌법시행 당시의 대법원장과 대법원판사가 아닌 법관은 제1항 단서의 규정에 불구하고 이 헌법에 의하여 임명된 것으로 본다.

③ 이 헌법중 공무원의 임기 또는 중임제한에 관한 규정은 이 헌법에 의하여 그 공무원이 최초로 선출 또는 임명된 때로부터 적용한다.

제5조(이 헌법 시행당시의 법령과 조약의 효력) 이 헌법시행 당시의 법령과 조약은 이 헌법에 위배되지 아니하는 한 그 효력을 지속한다.

제6조(이 헌법 시행전에 설치된 기관에 관한 경과조치) 이 헌법시행 당시에 이 헌법에 의하여 새로 설치될 기관의 권한에 속하는 직무를 행하고 있는 기관은 이 헌법에 의하여 새로운 기관이 설치될 때까지 존속하며 그 직무를 행한다.